KB134952

The Impact of Change in Population
Composition on Asset Market

인구구조의
변화와 자산시장

본 연구는 2008년도 정부재원(교육과학기술부 학술연구조성사업비)으로 한국연구재단의 지원을 받아 연구되었음(NRF – 2008 – 328 – B00042).

The Impact of Change in Population
Composition on Asset Market

인구구조의
변화와 자산시장

ㅣ박진우 지음

ㅣＣＳㅣ 한국학술정보[주]

머리말

최근 우리나라의 사회적 화두 중 하나는 '저출산 고령화'이다. 이는 곧 급속한 인구구조의 변화를 의미한다. 젊은 인구의 감소와 베이비붐 세대의 고령화로 대변되는 인구구조의 변화는 이미 선진국에서는 정치, 경제, 사회 등 모든 분야에 걸쳐 영향을 미치고 있고, 이러한 변화가 앞으로 대한민국의 미래를 크게 바꾸어 놓을 것으로 예상된다.

인구구조는 출산율과 사망률에 따라 변화한다. 출산율에서 우리나라는 이미 몇 년 전부터 세계 최저 수준이다. 경제 수준이 일정 궤도에 오르면서 출산율이 낮아지는 것은 선진국에서 일반적으로 나타나는 현상이다. 하지만 대다수 선진국의 경우는 1980년대 중반부터 출산율이 1.5명 수준에서 크게 변하지 않고 있으나, 우리나라는 2005년 1.08명으로 떨어지면서 세계 최저 수준을 보이고 있다.

출산율은 크게 하락하고 있지만 의료 기술의 발달과 건강에 대한 관심 증가에 따라 평균 수명은 계속 늘어나고 있다. 이에 따라 전체 인구에서 고령 인구가 차지하는 비중이 계속 증가하고 있는 것이다. 우리나라는 2000년에 노인인구가 전체 인구의 7%에 이르러 고령화사회(aging society)가 되었다. 2026년에는 전체 인구에서 노인인구의 비율이 20%에 이르러 초고령사회(super－aged society)에 진입할 것으로 예측되고 있다. 이러한 우리나라의 고령화 속도는 인류 역사상 유례없는 경우라고 한다.

이와 같은 급속한 변화는 이에 대처해야 하는 경제주체의 위험을 크게 증가시키고 있다. 천천히 변할 때는 각 경제주체들과 경제 시스템이 그에 적응하고 대비할 수 있어서 부작용이 상대적으로 크지 않지만, 빠르게 변할 때는 의외의 결과를 초래할 수 있기 때문이다. 저출산과 고령화로 인한 인구구조의 변화는 정치, 경제, 사회 등 모든 분야에 걸쳐 지대한 영향을 미치겠지만, 그중에서도 자산시장에 미치는 영향을 무시할 수는 없다. 특히, 공적 연금이나 사회보장제도의 미비로 개인이 스스로의 노후대책을 마련해야 하는 우리나라의 현실에서는 인구구조의 변화가 자산시장에 미치는 영향을 올바로 이해하고 합리적인 전략을 수립하는 것이 매우 중요하다.

본 저서에서는 우리나라에서 저출산고령화로 인한 인구구조의 변화가 부동산을 중심으로 하는 자산시장에 미치는 영향에 대해 분석하고 있다. 특히 통계자료 분석 및 설문조사 방법을 병행하는 두 가지 방향에서 연구를 진행함으로써 기존 연구와 차별화하면서 보다 현실적인 시사점을 모색하고 있다. 따라서 본 저서는 순수한 학술적 측면에서보다는 실무적 관점에서 연구의 의의가 크다고 할 수 있다.

세계 최저의 출산율과 유례없는 고령화 진행 속도로 인구구조가 급속하게 변화하는 현실 속에서 노후에 대한 막연한 불안감을 갖고 있는 개인이나 사회적 또는 정책적 대비를 해야 하는 기관에 본 연구의 결과가 도움이 되었으면 하는 바람을 갖는다.

2010년 10월 박진우

차례

PART

I

서 론

01 인구구조의 변화와 그 영향

지난 200여 년 동안 세계 인구는 꾸준히 증가해 왔다. 그러나 제2차 세계대전이 끝난 후 많은 국가에서는 인구의 증가뿐 아니라 인구구조의 변화라는 새로운 현상에 직면하게 되었다. 현재의 인구구조의 변화는 젊은 인구의 감소와 은퇴 연령을 넘긴 인구의 증가에 따른 전체 인구의 불균형에서 비롯된다. 이는 급격한 출산율 감소와 평균 수명 증가, 그리고 총인구 중 많은 부분을 차지하고 있는 베이비부머(baby boomer)들의 고령화에 따라 인구구성이 변하는 것을 의미한다. 젊은 인구의 감소와 베이비붐 세대의 고령화로 대변되는 인구구조의 변화가 이미 선진국에서는 정치, 경제, 사회 등 모든 분야에 걸쳐 영향을 미치고 있고, 이러한 변화가 다소 늦게 시작된 신흥국에서는 앞으로 커다란 영향을 미칠 것으로 예상된다.

우리나라도 예외는 아니어서 이러한 인구구조의 변화가 매우 급속하게 일어나고 있다. 인구구조는 출산율과 사망률에 따라 변화한다. 출산율에서 한국은 이미 몇 년 전부터 세계 최저 수준이다. 1970년 100만 명을 넘던 출생아 수가 2002년 50만 명 이하로 떨어졌고, 2005년에는 43.5만 명까지 하락하여 1970년의 절반에도 못 미치고 있다. 2005년 우리나라 가임 여성의 합계출산율[1]은 1.08명으로 OECD(경제개발협력기구) 국가 중 가장 낮은 수준이다. 미국 2.05명, 일본 1.25명, 영국 1.79명, 프랑스 1.92명 등과 비교하면 매우 낮은 수준임을 알 수 있다. 따라서 우리나라의 경우 과거 20여 년 동안의 출산율이 대체출산율[2]에 크게 못 미친 것을 감안하면 인구구조 불균형의 원인이 일단 출산율 저하에 있음을 쉽게 알 수 있다.

출산율은 크게 하락하고 있지만 의료 기술의 발달과 건강에 대한 관심 증가에 따라 평균 수명은 계속 늘어나고 있다. 이에 따라 전체 인구에서 고령 인구가 차지하는 비중이 계속 증가하고 있는 것이다. 우리나라는 2000년에 노인인구가 전체 인구의

---

1) 합계출산율이란 출산 가능한 여성의 나이인 15세부터 49세까지를 기준으로 여성 1명이 평생 낳는 자녀의 수를 가리킨다.
2) 대체출산율이란 현재의 인구 수준을 유지하기 위해서 필요한 출산율로서 2.1명 정도로 알려져 있다.

7%에 이르러 고령화사회(aging society)가 되었다.[3] 2010년 우리나라 중위(medium) 연령은 38.0세로서 선진국 평균인 38.7세에 도달하였고, 2020년에 43.8세, 2050년에는 53.4세가 될 전망이다.

그러나 문제는 고령화 속도이다. 우리나라는 2010년에 65세 이상 노인이 500만 명을 넘어서고, 2030년이면 1,000만 명을 넘어설 것으로 예상된다. 이러한 추세대로라면 2019년에 전체 인구에서 노인인구의 비율이 14%에 이르러 고령사회(aged society), 2026년에는 노인인구 비율이 20%를 넘어서는 초고령사회(super-aged society)에 진입할 것으로 예측되고 있다. 이러한 우리나라의 고령화 속도는 인류 역사상 유례없는 경우로서 고령화사회에서 초고령사회로 가는 데 26년이 걸릴 전망이어서 프랑스의 154년이나 독일의 77년에 비해 상당히 짧은 기간이며 지금까지 가장 짧았던 일본의 36년보다도 10년이나 짧은 기간이다.

이와 같이 급속한 인구구조의 변화는 이에 대처해야 하는 경제주체의 위험을 크게 증가시키고 있다. 천천히 변할 때는 각 경제 주체들과 경제 시스템이 적응하고 대비할 수 있어서 부작용이 상대적으로 크지 않지만, 빠르게 변할 때는 의외의 결과를 초래할 수 있기 때문이다. 저출산과 고령화로 인한 인구구조의 변화는 정치, 경제, 사회 등 모든 분야에 걸쳐 지대한 영향을 미치겠

---

3) 국제연합(UN)에 따르면 만 65세 이상 노인의 비율이 전체 인구의 7%를 넘으면 고령화사회, 14%를 넘어서면 고령사회, 20%를 넘으면 초고령사회로 구분한다.

지만, 그중에서도 자산시장에 미치는 영향을 무시할 수는 없다.

공적 연금이나 사회보장제도의 미비로 각 개인이 스스로의 노후대책을 마련해야 하는 우리나라의 현실에서는 인구구조의 변화가 자산시장에 미치는 영향을 올바로 이해하고 합리적인 전략을 수립하는 것이 매우 중요하다. 우리나라의 경우는 가계의 보유자산 중 부동산이 차지하는 비중이 매우 높은 수준이고, 따라서 많은 사람들이 보유하고 있는 부동산을 자신의 노후대책으로 생각하고 있다고 알려져 있다.[4] 따라서 우리나라의 경우 개인의 보유자산 중에서도 부동산이 인구구조의 변화에 가장 큰 영향을 받을 것으로 예상된다.

선진국의 경우를 살펴보면, 인구구조의 변화에 따라 주택 등의 수요가 달라질 수 있다는 것을 알 수 있다. 즉, 부동산 가격의 상승에 베이비붐 세대의 신규주택에 대한 수요가 중요한 역할을 했으며, 이들 세대의 은퇴로 주택에 대한 수요가 줄어들면서 부동산 가격의 크게 하락할 것이란 예측이 있다.[5] 또한 주식 및 채권과 같은 금융투자자산의 경우에도 연령대별로 포트폴리오의 구성이 달라진다. 즉 시간이 흐름에 따라 베이비붐 세대의 연령대가 변할 것이고 이들의 투자자산 수요 형태에 따라 선호하는

---

4) 이에 대한 상세한 내용은 뒷부분에서 분석될 것이다.
5) 인구구조의 변화와 베이비 세대의 은퇴로 자산시장에 커다란 변혁이 있을 것이란 예상은 Paul Wallace(1999)의 『Age-Quake』나 Peter Peterson(2004)의 『Running on Empty』란 저서를 통해 널리 알려지면서 세계적인 관심을 불러일으킨 바 있다.

자산의 가격에 영향을 미치게 될 것이다. 따라서 저출산 및 고령화로 인한 인구구조의 변화는 인구 구성에서 많은 수를 차지하고 있는 베이비붐 세대의 연령 변화에 따라 자산시장이 영향을 받게 될 것이다.

기존 연구와 새로운 연구의 필요성

인구구조의 변화가 자산시장에 미치는 영향에 대하여 선진국에서는 비교적 활발하게 연구가 진행되고 있다. Modigliani and Ando(1963)가 생애주기소득가설(life cycle income hypothesis)에서 개인의 생애주기상 위치와 저축 및 자산축적이 밀접한 관계를 갖는다고 주장하면서 이 분야에 대한 연구가 시작되었다. 그러나 인구구조의 변화와 자산시장을 직접 연결시키는 시도는 제2차 세계대전 이후 출생한 미국의 베이비붐 세대가 50대에 접어든 시점인 1990년대 중반부터 본격화되었다.[6]

우리나라에서는 2000년대에 들어 저출산과 고령화가 사회적

---

6) 대표적인 연구로는 Brooks(1998), Abel(1999, 2001), Poterba(2001) 등을 들 수 있다.

문제점으로 심각하게 논의되기 시작하면서 한국개발원(2003)이 인구구조의 고령화가 금융시장과 노동시장 등에 미치는 영향에 대한 정책보고서가 나왔고 이를 보건복지 및 노인주거 등에 확대한 한국개발원 외 4개 기관(2004) 보고서가 발간되었다. 특히 박창균(2003)은 보고서 중 일부 내용에서 인구구조의 변화와 자산시장을 직접 연결시키는 연구를 시도하였다. 그 밖에 실무적 관점에서 인구구조의 변화가 자산시장에 미칠 영향에 관한 저서들이 발간되었다.[7]

인구구조의 변화와 자산시장에 관한 대표적인 국내 연구로는 박창균(2003)을 들 수 있다. 박창균(2003)은 1993년부터 1998년까지 6년 동안의 한국가구패널조사(대우패널조사)의 자산 조사자료를 이용하여 연령별 평균 자산보유량을 측정하고 여기에 2050년까지의 인구예측자료를 대입하여 고령화의 진전에 따른 자산수요의 변화를 예측하는 연구를 시도하였다. 특히 Poterba(2001)의 연구방법을 채용하여 개인의 자산축적동기를 생애주기상 위치에 따라 보유하는 자산, 즉 연령효과에 의한 자산과 그 연령에 도달하기까지 겪어 온 경제적 사건에 의해 영향을 받아 보유하게 된 자산, 즉 출생연도집단(cohort)효과로 인한 자산으로 나누어 연령효과만을 가지고 인구구조의 변동에 따른 자산수요를 예측

---

7) 이현승·김현진(2003), 홍춘욱(2003), 김경록(2006), 김현기 외 4인(2008) 등의 저서를 예로 들 수 있다.

하였다. 연구 결과 총자산 및 순자산에 대한 수요는 2037년까지 꾸준히 증가하다가 감소하기 시작하고, 금융자산은 2031년, 순금융자산은 이보다 훨씬 빠른 2015년을 정점으로 감소할 것으로 예상하고 있다. 한편 주식 등 위험자산이 차지하는 비중은 꾸준히 하락하여 2030년경에 최저점에 도달한 뒤 점차 늘어날 것으로 예측하고 있다.

이러한 박창균(2003)의 연구는 인구구조의 변화와 자산시장에 관한 국내 최초의 체계적 연구라는 점에서 중요한 평가를 받을 수 있으나, 다음과 같은 연구의 한계를 갖고 있다.

첫째, 경제 전체적 관점에서 자산의 총수요의 변화를 예측하는 데 초점이 맞춰져 있어 연령대별 인구구성의 차이에 따른 자산수요의 변화와 가격변동 가능성을 설명하지 못하고 있다. 특히 우리나라의 경우 베이비붐 세대의 은퇴가 본격화되면 이들이 보유하고 있는 자산의 일부가 유동화되어 노후자금으로 쓰일 가능성이 크기 때문에 이렇게 처분되는 자산을 다음 세대가 구매할 수 있는 여력이 있는지? 또한 이러한 세대 간 자산의 이동과정이 자산가격에 어떤 영향을 미칠지? 등에 관한 질문에 답할 수 있는 연구가 필요하다.

둘째, 현재의 연령별 평균 자산보유량에 향후 인구예측을 대입하여 자산수요를 예측하는 방법은 연령별 자산분포가 시간적으로 안정적일 것이란 가정에 기초를 두고 있다. 즉, 사회환경의 변화와 이에 따른 세대 간 의식 및 행동양식의 차이로 인해 연령별 자산보유액이 시간의 흐름에 따라 달라질 수 있다는 점을 간과하고 있다.[8]

셋째, 사용한 데이터가 비교적 오래된 1990년대의 한국가구패널조사 자료로서 4,500가구를 표본으로 응답조사한 결과라는 점이다. 따라서 비표본오차가 존재하고 응답의 정확성뿐 아니라 자산에 대한 응답이 소극적이어서 일반적으로 자산조사결과가 과소 측정될 가능성이 크다.[9]

넷째, 자산보유비중 면에서 가장 중요한 부동산 자산에 대한 분석이 이루어지지 못하고 있다. 최근 우리나라 베이비붐 세대의 은퇴를 앞두고 향후 부동산 시장에 대한 다양한 전망이 나오고 있는 점을 감안하면 인구구조의 변화가 특히 부동산 시장에 미칠 영향에 대한 분석이 필요한 시점이라고 할 수 있다.

---

8) 우리나라에서 예상할 수 있는 몇 가지 예로 1) 노후를 자식에게 의존하는 행태의 변화, 2) 소가족화, 이혼 및 생애독신 증가, 기대수명 연장으로 인한 독거노인 증가 등으로 가구구성의 변화, 3) 공적 연금 및 사회보장제도의 강화, 퇴직연금제도의 도입, 개인연금에 대한 관심 등으로 개인재무설계의 변화, 4) 기성세대와 다른 젊은 세대의 삶에 대한 가치관의 차이 등을 들 수 있다. 이러한 변화는 당연히 시간의 흐름에 따라 연령별 자산보유분포에 변동을 가져올 것이다.

9) 실제로 박창균(2003)의 연구에서 언급되어 있듯이 대우패널자료에 의하면 1997년 개인의 평균 금융자산보유액은 약 497만 원으로 이를 총량으로 환원하면 약 228조로서 「자금순환표」의 1997년 말 개인부문 금융자산 잔고 617조 원에 비하면 훨씬 낮은 수준으로 측정되고 있음을 알 수 있다.

03

연구의 목적 및 범위

본 연구에서는 다음과 같은 두 가지 방향에서 연구를 진행하여 기존 연구와 차별화하면서 보다 현실적인 시사점을 모색하려고 한다.

우선, 본 연구는 공식적인 국내 통계자료인 「2006년 가계자산조사」와 「2006년 장래인구추계」 자료를 활용하여 연령대별 가계자산 분포를 살펴보고 향후 인구구조의 변동에 따른 자산시장의 변화를 예측해 보고자 한다. 또한 통계청의 「2009년 가계동향조사」에서 구한 가구당 월평균 가계수지와 국민은행의 「전국주택가격동향조사」 자료를 활용하여 연령별 주택 구매력을 알아보고, 「2005－2030 장래가구추계」와 「2009년 혼인통계」 등을 이용하여 인구구조 외에 자산수요에 영향을 미칠 수 있는 사회통계적 요인들을 고려하게 될 것이다. 이러한 연구는 1990년대의 한국가구패널조사 자료를 사용했던 박창균(2003)의 연구에 비해 보다 광범위한 최근 자료를 이용하고, 부동산 자산에 관한 내용이 별도로 구분되어 있으며, 자료의 정확도 면에서 신뢰성이 높은 통계청 자료를 사용한다는 점에서 차별된다.[10] 다만, 가계자산조사는 2006년에 처음으로 한 차례 실시된 조사이므로 Poterba(2001)나 박창균(2003)의 연구처럼 연령효과와 출생연도집단효과로 나누어 분석하지 못하는 한계가 있다.[11]

다음으로, 본 연구에서는 통계자료만을 가지고 자산수요를 예측할 경우 세대 간 의식 및 행동양식의 차이로 인한 연령별 자산보유분포의 변화를 파악하지 못하는 단점을 보완하기 위하여 설문조사 분석을 병행하고자 한다. 특히 베이비붐 세대(1955~1964년 출생)와 그들의 자녀 세대(1981~1990년 출생)를 대상으로 부동산을 중심으로 한 자산수요에 영향을 미칠 수 있는 요인들을 설문조사를 통해 파악하고 이를 통계자료 분석결과와 종합하여

---

10) 통계청의 가계자산조사도 한국가계패널조사와 마찬가지로 표본조사 결과이므로 비표본오차가 존재하고 자산조사 결과가 과소 측정될 가능성이 존재하지만, 두 자료를 비교해 보면 한국가계패널조사에서는 1997년 개인의 평균 총 자산보유액이 2,563만 원인 반면에 2006년 가계자산조사에서 가구의 평균 총 자산보유액이 2억 8,112만 원으로 비교 시점의 차이와 개인과 가구의 차이를 감안하더라도 가계자산조사의 결과가 훨씬 현실에 가깝다는 것을 알 수 있다.

11) 하지만 박창균(2003)의 연구에서 연령효과와 출생연도집단효과를 구분하기 위하여 사용한 표본이 5년에 불과하기 때문에 두 효과를 정확하게 식별하는 데 한계를 갖고 있다.

판단함으로써 저출산 및 고령화로 인한 인구구조의 변화가 자산 시장에 미치는 영향을 보다 현실성 있게 예측해 보고자 한다. 따라서 본 연구는 통계자료 분석과 설문조사 분석으로 나누어 진행되고 두 가지 결과를 종합하여 결론을 맺게 될 것이다.

04

연구의 구성

본 연구에서는 서론에 이어 본격적인 분석에 들어가기에 앞서 우리나라 인구구조가 과거에 어떻게 변화해 왔고 현재는 어떤 상황이며 앞으로 어떻게 변화할 것인지를 전망해 보고자 한다. 특히 우리나라 인구구조 변화의 주된 요인을 출산율 하락과 기대수명의 연장으로 보고, 이들 통계자료의 변화추이를 살펴봄으로써 인구구조의 고령화 원인과 향후 전망에 대해 분석하게 될 것이다.

다음은 인구구조의 변화가 자산시장에 미칠 영향에 대해 기존의 통계청 통계자료를 이용하여 분석하게 될 것이다. 구체적으로 「2006년 가계자산조사」와 「2006년 장래인구추계」 자료를 활용하여 향후 인구구조의 변동에 따른 자산시장의 변화를 예측해 보고,

여기에 덧붙여 「2009년 가계동향조사」에서 구한 가구당 월평균 가계수지와 「전국주택가격동향조사」 자료를 활용하여 연령별 주택 구매력을 알아보게 될 것이다. 그 밖에 「2005－2030 장래가구추계」와 「2009년 혼인통계」 등을 이용하여 인구구조 외에 자산수요에 영향을 미칠 수 있는 사회통계적 요인들도 고려하게 될 것이다.

이어서 통계자료만을 가지고 자산수요를 예측할 경우 세대 간 의식 및 행동양식의 차이로 인한 연령별 자산보유분포의 변화를 파악하지 못하는 단점을 보완하기 위하여 본 연구에서는 설문조사 분석을 수행하게 될 것이다. 구체적으로 은퇴를 앞두고 향후 우리나라 자산시장에서 '태풍의 눈'으로 자리 잡을 베이비붐 세대(1955~1964년 출생)가 노후대책을 위해 보유하고 있는 자산포트폴리오를 어떻게 재편성할 계획인지를 알아보고, 조만간 사회에 진출하고 가구를 형성하여 자산시장의 신규수요자가 될 자녀 세대(1981~1990년 출생)를 대상으로 주택 등 자산포트폴리오에 대한 이들의 계획을 파악하게 될 것이다.

끝으로 결론에서 이상 분석한 내용을 요약해서 정리하고, 이를 토대로 향후 자산시장을 전망해 보고 노후준비를 설계하는 사람들에게 유용한 시사점을 제시하게 될 것이다. 또한 인구구조의 변화가 경제·사회적으로 미칠 영향에 대비한 정책 개발에 중요한 시사점을 제시할 수 있을 것으로 본다.

PART

II

인구구조의 변화

총인구 변동

2005년 우리나라 총인구는 4,814만 명으로 1970년 3,224만 명에 비해 약 1.5배 증가하였다. 인구변동의 요인은 크게 출산력과 사망력에 기인한다.[12] 우리나라의 연도별 출생아 수는 1970년 100만 명 수준에서 계속 감소를 보여 1985~1990년에는 60만 명 수준을 보인 후, 에코베이비붐(echo-babyboom) 세대[13]인 1991~1995년 70만 명 수준으로 다소 증가를 보였으나, 1996년 이후 감소세를 보이고 있다. 이처럼 출생아 수가 감소추세에 있음에도

---

12) 인구규모와 인구구조에 영향을 미치는 요인으로는 출산력과 사망력 외에도 국제인구이동을 들 수 있다. 그러나 우리나라에서 국제인구이동이 전체 인구 중에서 차지하는 비중이 크지 않고, 국제결혼 등으로 편입되는 인구와 이민 등으로 제외되는 인구의 수가 상쇄되기 때문에 실제 인구 증감에 미치는 영향은 미미한 편이다.

13) 에코베이비붐 세대란 베이비붐 세대가 낳은 자녀들로 구성되는 세대를 가리킨다.

불구하고 우리나라 총인구가 지속적으로 증가할 수 있었던 것은 기대수명의 연장 때문이다. 1970년 61.9세였던 기대수명이 2005 년에는 78.6세로 무려 16.7세나 증가한 것이다. 다만 전년 대비 인구증가율로 측정한 인구성장률은 1970년 2.21%에서 지속적으로 하락하여 2005년 0.21%를 나타내고 있다.

[표 2−1]과 [그림 2−1]에서 보는 바와 같이, 이러한 인구성장률은 2010년 0.26%에서 점차 둔화하여 2018년 0.02%에 도달한 후 2019년부터는 마이너스 성장으로 전환되어 2030년에는 −0.25%, 2050년에는 −1.07%로 전망되고 있다.[14) 따라서 우리나라의 총인구는 2018년에 4,934만 명을 정점(peak)으로 그 후 감소하여 2030년에 4,864만 명, 2050년에는 4,234만 명이 될 것으로 예상된다.

[표 2-1] 총인구 및 인구성장률 추이

(단위: 천 명, %)

항 목	1970	1980	1990	2000	2005	2010	2020	2030	2050
총인구	32,241	38,124	42,869	47,008	48,138	48,875	49,326	48,635	42,343
인구성장률	2.21	1.57	0.99	0.84	0.21	0.26	−0.02	−0.25	−1.07

주: 인구성장률은 전년대비 인구증가율임
자료: 통계청. 「2006년 장래인구추계」

---

14) 2005~2010년 중 세계인구의 연평균 인구성장률은 1.18%로서 선진국은 0.34%인 반면에 개도국은 1.37%이다. 이후 세계의 인구성장률은 매년 감소하여 2050년에는 0.34%에 이를 전망이다.

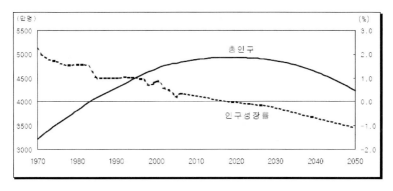

자료: 통계청, 「2006년 장래인구추계」

[그림 2-1] 총인구 및 인구성장률

한편, 세계 인구는 2005~2010년 기간 중 매일 21만 7천 명씩 증가하여 연평균 1.18%의 인구성장률을 보여 주고 있으나, 2010~2050년에는 성장률이 둔화되어 연평균 0.71%가 될 것으로 전망된다. [표 2-2]에서 보듯이, 세계 총인구는 2009년 68억 3천만 명에서 2050년에는 91억 5천만 명이 될 것으로 추산된다. 국가별로 보면, 2009년 세계에서 가장 인구가 많은 나라는 중국으로 13억 4,600만 명이고 세계 인구의 19.7%를 차지하며, 다음은 인도로서 11억 9,800만 명이 세계 인구의 17.5%를 차지하고 있다. 하지만 인도의 인구 증가 속도는 중국보다 빨라 2050년에는 중국보다 인구가 더 많은 세계 최대의 인구대국이 될 전망이다. 우리나라의 경우는 2018년 이후 인구감소로 접어들기 때문에 2009년 세계 인구의 0.7%를 차지하면서 26위이던 인구 순위가 2050년에는 인구비중이 0.5%로 하락하면서 인구 순위도 42위로 하락할 것으로 예상된다.

[표 2-2] 국가별 인구 및 인구 순위

(단위: 백만 명, %)

순위	1950년			2009년			2050년		
	국가명	인구	구성비	국가명	인구	구성비	국가명	인구	구성비
	세 계	2,529	100.0	세 계	6,829	100.0	세 계	9,150	100.0
1	중 국	545	21.7	중 국	1,346	19.7	인 도	1,614	17.6
2	인 도	372	14.7	인 도	1,198	17.5	중 국	1,417	15.5
3	미 국	158	6.2	미 국	315	4.6	미 국	404	4.4
4	러시아	103	4.1	인도네시아	230	3.4	파키스탄	335	3.7
5	일 본	83	3.3	브라질	194	2.8	나이지리아	289	3.2
6	인도네시아	77	3.0	파키스탄	181	2.7	인도네시아	288	3.1
7	독 일	68	2.7	방글라데시	162	2.4	방글라데시	222	2.4
8	브라질	54	2.1	나이지리아	155	2.3	브라질	219	2.4
9	영 국	51	2.0	러시아	141	2.1	에티오피아	174	1.9
10	이탈리아	46	1.8	일 본	127	1.9	콩 고	148	1.6
	한 국(24)	19	0.8	한 국(26)	49	0.7	한 국(46)	42	0.5

자료: 통계청, 「세계 및 한국의 인구현황」

이러한 인구감소는 노동력을 감소시키고 소비를 줄이면서 국가의 성장 잠재력을 떨어뜨리게 된다. 더욱 큰 문제는 인구감소와 함께 인구구조가 변화하는 것이다. [표 2-3]에서 보듯이, 기대수명 연장 및 출산율 감소로 인해 2005년 9.1%이던 65세 이상 고령인구의 비중이 2030년 24.3%, 2050년 38.2%로 급상승하게 된다. 따라서 생산가능인구(15~64세)는 2005년 3,453만 명(총인구 중 71.7%)에서

2050년에는 2,242만 명(53.0%)로 감소할 전망이다. 특히, 생산가능인구 내에서도 고령화가 진행되어 경제활동이 가장 왕성한 25~49세 연령층은 2005년 전체 생산가능인구(15~64세)의 약 60%를 차지하고 있으나, 2050년에는 44%까지 감소할 것으로 예상된다.

[표 2-3] 생산가능인구 추이

(단위: 천 명, %)

항 목	1970	1980	1990	2000	2005	2010	2020	2030	2050
총인구	32,241	38,124	42,869	47,008	48,138	48,875	49,326	48,635	42,343
0~14세	13,709	12,951	10,974	9,911	9,241	7,907	6,118	5,525	3,763
15~64세	17,540	23,717	29,701	33,702	34,530	35,611	35,506	31,299	22,424
65세+	991	1,456	2,195	3,395	4,367	5,357	7,701	11,811	16,156
구성비	100.0	100.0	100.0	100.0	100.0	100.0	100.0	100.0	100.0
0~14세	42.5	34.0	25.6	21.1	19.2	16.2	12.4	11.4	8.9
15~64세 (25~49세)	54.4 (52.3)	62.2 (49.8)	69.3 (54.4)	71.7 (58.8)	71.7 (59.6)	72.9 (56.7)	72.0 (50.9)	64.4 (49.5)	53.0 (44.4)
65세+	3.1	3.8	5.1	7.2	9.1	11.0	15.6	24.3	38.2

자료: 통계청, 「2006년 장래인구추계」

이에 따라 우리나라 근로자 평균 연령도 지속적으로 상승할 것으로 예상된다. [표 2-4]에서 보듯이, 1993년에는 우리나라 전체 근로자의 평균 연령이 34.3세였으나, 2002년에는 36.5세, 그리고 2009년에는 38.5세로 지속적으로 상승해 왔고, 이러한 상승추세는 앞으로도 계속될 것으로 전망된다.

이러한 현상은 남녀 구별 없이 발생하여 남자의 경우는 1993
년 36.0세에서 2009년 40.0세로 4세가 늘어났고, 여자는 1993
년 30.3세에서 2009년 35.5세로 5세 이상 상승했다.

[표 2-4] 근로자 평균연령

(단위: 세)

연 도	전 체	남 자	여 자	제조업
1993	34.3	36.0	30.3	33.6
1996	35.2	36.7	31.4	34.4
1999	35.9	37.6	32.1	35.5
2002	36.5	38.0	33.2	36.3
2006	37.5	39.0	34.4	37.0
2009	38.5	40.0	35.5	38.0

자료: 고용노동부. 「고용형태별 근로실태조사」

　인구감소와 고령화로 인한 생산가능인구의 감소는 1인당 부가
가치에 인구수를 곱해서 구해지는 국내총생산(GDP)의 둔화를 가
져올 것이고, 또한 소비 감소, 저축률 하락, 조세수입 감소 등을
초래하여 우리나라 경제의 잠재적 성장력을 낮추게 될 것이다.
이처럼 인구감소와 고령화는 향후 우리나라 경제에 심각한 위협
이 될 뿐 아니라 정치, 사회, 문화 등 모든 방면에 커다란 영향을
미치게 될 것으로 예상된다.[15]

---

15) 우리나라 인구구조의 고령화가 경제·사회적으로 미칠 영향에 관해서는 2000년대에 들어
국책연구소들을 중심으로 연구가 진행되기 시작하여 대표적으로 한국개발원(2003)이 인구
구조의 고령화가 금융시장과 노동시장 등에 미치는 영향에 대한 정책보고서가 나왔고, 이를
보건복지 및 노인주거 등에 확대한 한국개발원 외 4개 기관(2004) 보고서가 발간되었다.

02 인구구조의 고령화

    출산율 감소와 기대수명 연장은 필연적으로 인구구조의 고령화를 초래한다. [그림 2-2]에서 보여 주고 있듯이, 우리나라의 인구구조는 1970년 피라미드형에서 2005년에는 종형이 되었고 2050년에는 역피라미드형으로 바뀔 것이 예상된다. 세계 전체 인구구조도 1970년에는 완전한 피라미드 모형을 갖추고 있었으나, 차츰 노인인구수와 유소년인구수의 차이가 줄어들면서 2050년에 가면 기둥형의 모양으로 바뀔 것으로 예상되고 있다. 그러나 이때 우리나라의 경우는 연령대가 낮아지면서 인구수가 점차 줄어드는 역피라미드형으로 바뀜으로써 인구구조의 고령화가 심각한 상황에 이를 것으로 보인다.

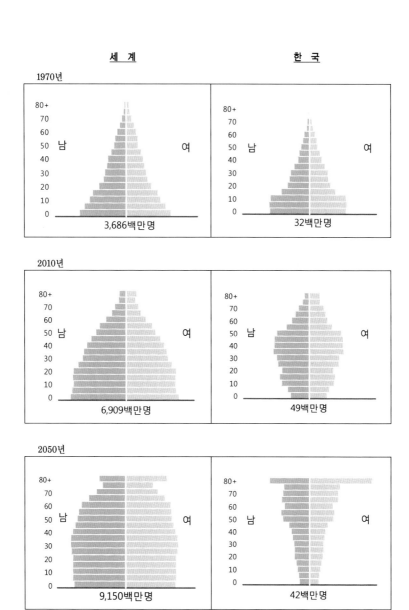

자료: 통계청, 「세계 및 한국의 인구현황」

[그림 2-2] 세계 및 한국 인구 피라미드

우리나라의 65세 이상 고령인구는 2005년 9.1%로 일본, 이탈리아, 프랑스 등 선진국에 비하면 낮은 수준이나, 2030년에 24.3%가 되고 2050년에는 38.2%로 선진국 평균(25.9%)을 훨씬 넘어서는 수준이 될 전망이다. 한편 0~14세 유소년인구 구성비는 2005년 19.2%로 일본, 이탈리아, 프랑스 등 선진국에 비해 높은 수준이나, 낮은 출산율로 인해 2030년에 이르면 11.4%로 선진국에 비해 낮은 수준으로 떨어질 것으로 전망된다. 이에 따라 우리나라 중위연령[16]은 2005년 34.8세로 선진국 평균[17]인 38.6세에 못 미치고 있으나, 2020년에는 43.8세로 선진국 평균(42.0세)을 웃도는 수준이 되고 2050년에 이르면 선진국 평균(45.6세)을 훨씬 상회하는 56.7세에 도달할 것으로 예상된다.[18]

더욱 심각한 문제는 고령화 속도이다. [표 2-5]를 보면, 우리나라는 고령인구 비율이 7%인 고령화사회(aging society)에서 14%인 고령사회(aged society)로 도달하는 데 걸리는 기간이 18년이며, 여기에서 20%인 초고령사회(super-aged society)로 가는 데는 불과 8년이 걸릴 전망이다. 이러한 우리나라의 고령화 속도는 프랑스

---

16) 중위연령이란 전체 인구 중 중간값(median)에 해당하는 연령을 의미한다. 따라서 총인구 중 중위연령보다 나이가 많은 사람의 수가 적은 사람의 수와 같게 된다.
17) 국제연합(UN)에서 인구통계 작성 시 분류하는 선진국에는 유럽, 북미, 호주, 뉴질랜드, 일본 등이 포함된다.
18) 2009년 세계 인구의 중위연령은 28.9세로서 선진국은 38.8세, 개도국은 25.7세이다. 한편 2050년에는 세계 인구의 중위연령이 38.4세가 되어 2009년보다 9.5세 높아지고, 선진국은 45.6세, 개도국은 37.2세가 될 전망이다.

의 154년, 미국의 94년, 이탈리아의 79년, 독일의 77년에 비해 상당히 짧은 기간이며 지금까지 가장 짧았던 일본의 36년보다도 10년이나 짧은 기간이다.

[표 2-5] 주요 국가의 고령화 속도

(단위: 연도, 연수)

국가명	도달연도			소요연수	
	7%	14%	20%	7%→14%	14%→20%
일 본	1970	1994	2006	24	12
프 랑 스	1864	1979	2018	115	39
독 일	1932	1972	2009	40	37
이탈리아	1927	1988	2006	61	18
미 국	1942	2015	2036	73	21
한 국	2000	2018	2026	18	8

자료: 통계청, 「2006년 장래인구추계」

03 : 출산율 감소

우리나라 인구구조의 변화에 결정적 요인은 출산율 감소이다. 출산율이 장기적으로 낮은 수준에서 유지될 경우, 출산력은 사망력이나 기존 인구구조보다 인구고령화에 더 큰 요인이 된다. [표 2-6]에서 보여 주듯이, 2005년 우리나라 가임 여성의 합계출산율은 1.08명으로 OECD(경제개발협력기구) 국가 중 가장 낮은 수준이다. 미국 2.05명, 프랑스 1.92명, 영국 1.79명, 이탈리아 1.32명, 일본 1.25명 등과 비교하면 매우 낮은 수준임을 알 수 있다. 1970년만 하더라도 4.53명이던 우리나라의 합계출산율은 1983년 대체출산율인 2.08명이 되고, 그리고 1998년 1.5명 미만으로 떨어지고 난 후에도 지속적인 하락세를 보이고 있다. 출산율의 하락은 경제 수준이 일정 궤도에 진입한 선진국에서 일반적으로 나타나는 현상이지만, 대다수 선진국의 경우는 1980년대 중반 이후 출산율이 크게 변하지 않고 있다.[19]

[표 2-6] 주요 국가의 합계출산율

(단위: 명)

국가명	2000	2001	2002	2003	2004	2005
한 국	1.47	1.30	1.17	1.19	1.16	1.08
일 본	1.36	1.33	1.32	1.29	1.29	1.25
미 국	2.06	2.03	2.01	2.04	2.05	-
프랑스	1.87	1.88	1.87	1.87	1.90	1.92
영 국	1.64	1.63	1.64	1.71	1.77	1.79
이탈리아	1.24	1.25	1.26	1.28	1.33	1.32

주: 음영은 최저점
자료: 일본 厚生勞働省(www.mhlw.go.jp), 미국 NCHS(www.cdc.gov), 프랑스 통계청(www.insee.fr)
　　　Eurostat Yearbook 2005(www.europa.eu.int)

이와 같은 우리나라 저출산의 인구학적 요인은 크게 혼인력과 유배우 출산력으로 나누어 볼 수 있다. 혼인력에 관해서는 결혼 기피 현상과 혼인연령의 상승으로 인해 출산이 집중되는 연령층 (20~34세)의 미혼율이 증가하는 점을 들 수 있다. 2005년 우리나라 평균 초혼연령은 남자 30.9세, 여자 27.7세로 1981년에 비해 남녀 모두 4.5세씩 높아졌다. 이러한 상승 추세가 지속되어 2009년에는 남자 31.6세, 여자 28.7세로서 유럽 등 선진국의 평균 초

---

19) 2005~2010년 기간 중 세계의 합계출산율은 2.56명인데, 개도국의 합계출산율은 2.37명으로 선진국 1.64명보다 1.09명 높은 수준이다.

혼연령을 넘어서고 있다. 여기에 더해져서 결혼 자체를 기피하는 현상이 나타나면서 특히 20대 후반과 30대 초반 여성의 미혼율이 급증하고 있다.

[표 2-7]에 나타나 있듯이, 우리나라 25~29세 여성의 미혼율은 1970년 9.7%에 불과하던 것이 2005년에는 무려 59.1%로 급증하였고, 30~34세 여성의 미혼율도 1970년 1.4%에서 2005년 19.0%로 증가하였다. 또한 39세까지 결혼을 안 하고 있는 여성의 비율이 1970년 0.4%에서 매년 꾸준히 증가하여 2005년에는 7.6%에 이르고 있다. 더욱 큰 문제는 이러한 경향이 멈추지 않고 지속되고 있다는 점이다. 따라서 법률혼에 의한 출산이 보편적인 우리나라에서 혼인연령의 상승 및 미혼율의 증가는 가임기간을 단축시켜 출산율의 저하로 이어질 수밖에 없다.

[표 2-7] 연령별 여성의 미혼율 추이

(단위: 세, %)

나 이	1970	1975	1980	1985	1990	1995	2000	2005
15~19	97.1	97.4	98.2	99.1	99.5	99.2	99.3	99.6
20~24	57.2	62.5	66.1	72.1	80.5	83.3	89.1	93.7
25~29	9.7	11.8	14.1	18.4	22.1	29.6	40.1	59.1
30~34	1.4	2.1	2.7	4.2	5.3	6.7	10.7	19.0
35~39	0.4	0.7	1.0	1.6	2.4	3.3	4.3	7.6
40~44	0.2	0.3	0.5	0.7	1.1	1.9	2.6	3.6
45~49	0.1	0.2	0.3	0.4	0.6	1.0	1.7	2.4

사실 우리나라는 그동안 1955년부터 1970년 사이에 태어난 베이비붐 세대가 성장하면서 가임여성의 수가 증가했음에도 불구하고 출산율이 급격히 감소하여 출생아 수가 줄어들었다. 문제는 앞으로 가임여성의 수 자체가 감소할 전망이기 때문에 출산율을 높이지 않는 한 출생아 수의 감소가 불가피하다는 점이다. 이와 같은 저출산 문제는 결혼관, 자녀관, 가족관 등 가치관의 문제와 여성의 교육 정도 및 경제활동 참가, 자녀 양육 및 교육비용 부담, 주거비용 부담 등의 사회경제적 요인들이 복합적으로 작용하고 있기 때문에 해결방안 역시 매우 어려운 과제이다.[20]

---

20) 저출산 해결은 우리나라의 핵심 정책과제로서 수많은 연구와 토의 및 토론이 진행되어 왔으나, 본 저서의 연구범위를 넘어서기 때문에 여기서는 언급하지 않는다.

기대수명의 연장

인구구조 고령화의 원인으로 기대수명의 연장을 빼놓을 수 없다. 소득의 증가, 의료기술의 발달, 생활환경의 개선 등으로 세계 평균 기대수명은 1970~1975년 기간 중 58.2세에서 2005~2010년 기간에는 67.6세로 9.4세 증가하였다.[21] [표 2-8]에서 보여주듯이, 우리나라의 평균 기대수명은 1970년 61.93세에서 2005년 78.63세로 16.70세가 증가하여 세계 평균을 훨씬 능가하고 있다. 남자는 1970년 58.67세에서 2005년 75.14세로 16.47세 증가하였고, 여자는 1970년 65.57세에서 2005년 81.89세로 16.32세 증가하

---

21) 같은 기간 선진국은 71.3세에서 77.1세로 5.8세 증가한 반면에 개도국은 54.9세에서 65.6세로 10.7세 증가하여 선진국과 개도국의 기대수명의 차이가 줄어들고 있음을 알 수 있다.

여 남녀 차이가 감소하였다. 증가율은 감소하지만 증가 추세는 앞으로도 지속되어 2020년에는 남자 78.04세 여자 84.68세가 되고, 2050년에는 남자 82.87세 여자 88.92세가 될 전망이다.

[표 2-8] 평균 기대수명 추이

(단위: 세)

연 도	전 체	남 자(A)	여 자(B)	남녀차이(B - A)
1970	61.93	58.67	65.57	6.91
1975	63.82	60.19	67.91	7.72
1980	65.69	61.78	70.04	8.26
1985	68.44	64.45	72.82	8.37
1990	71.28	67.29	75.51	8.22
1995	73.53	69.57	77.41	7.84
2000	76.02	72.25	79.6	7.35
2005	78.63	75.14	81.89	6.75
2010	79.60	76.15	82.88	6.73
2020	81.45	78.04	84.68	6.63
2030	83.13	79.79	86.27	6.48
2050	86.02	82.87	88.92	6.05

이러한 결과로 [표 2-9]에서 보듯이, 연령별 기대여명은 꾸준히 증가하고 사망확률은 점진적으로 감소하고 있다. 예를 들면, 1970년 50대 초반(50~54세) 남성과 여성의 기대여명은 각각 18.9세와 25.8세였으나 2005년에는 각각 27.8세와 33.6세로 증가하였고, 60대 후반(65~69세) 남성과 여성의 기대여명도 1970년 각각 10.1세와 14.6세에서 2005년 각각 15.8세와 19.9세로 증가하였다. 한편 사망확률의 경우는 70대 후반(75~79세) 남성의 경우 1970

년 50%에 달하던 것이 2005년에는 27%로 낮아졌고, 여성의 경우도 30%에서 16%로 크게 하락하였다. 이러한 기대여명의 증가와 사망확률의 감소 추세는 앞으로도 지속될 것으로 예상된다. 예를 들면, 60대 초반(60~64세) 남성과 여성의 기대여명은 2005년 각각 19.6세와 24.3세에서 2050년 각각 24.8세와 29.7세로 증가하고, 80대 초반(80~84세) 남성과 여성의 사망확률은 2005년 각각 41.2%와 29.5%에서 2050년 각각 24.5%와 14.8%로 낮아질 전망이다.

[표 2-9] 연령별 기대여명 및 사망확률 추이

(단위: 세, %)

| 나 이 | 남 자 | | | | | | | | | |
| | 1970 | | 1990 | | 2005 | | 2020 | | 2050 | |
	기대여명	사망확률	기대여명	사망확률	기대여명	사망확률	기대여명	사망확률	기대여명	사망확률
50~54	18.9	9.2	22.8	5.9	27.8	3.1	30.0	2.2	33.8	1.1
55~59	15.5	14.1	19.1	8.0	23.6	4.4	25.6	3.6	29.2	2.3
60~64	12.7	19.6	15.6	12.2	19.6	6.8	24.4	5.5	24.8	3.6
65~69	10.1	27.6	12.4	18.1	15.8	10.8	17.5	8.6	20.7	5.5
70~74	8.1	34.3	9.6	27.3	12.4	17.1	13.9	13.1	16.7	7.7
75~79	6.0	50.0	7.2	38.8	9.4	27.4	10.7	22.8	12.9	15.8
80~84	4.4	—	5.2	—	7.0	41.2	8.1	34.6	9.9	24.5

나 이	여 자									
	1970		1990		2005		2020		2050	
	기대여명	사망확률	기대여명	사망확률	기대여명	사망확률	기대여명	사망확률	기대여명	사망확률
50~54	25.8	4.4	28.9	2.3	33.6	1.1	35.9	0.7	39.5	0.3
55~59	21.8	6.2	24.5	3.3	28.9	1.6	31.1	1.0	34.6	0.4
60~64	18.1	8.8	20.3	5.3	24.3	2.6	26.4	1.7	29.7	0.7
65~69	14.6	12.4	16.3	8.8	19.9	4.5	21.8	3.0	24.9	1.4
70~74	11.3	18.4	12.6	15.3	15.7	8.5	17.4	6.2	20.3	3.3
75~79	8.3	30.3	9.5	24.9	11.9	16.4	13.4	12.1	15.9	6.6
80~84	5.8	－	6.8	－	8.7	29.5	9.9	23.4	11.8	14.8

자료: 통계청, 「2006년 장래인구추계」

05 : **노인 부양부담**

출산율 저하와 기대수명의 연장으로 인한 인구구조의 고령화
는 필연적으로 노인 부양부담의 증가로 나타나게 된다. 일반적으
로 유소년인구(14세 이하)와 고령인구(65세 이상)는 생산활동에
참여하지 않기 때문에 나머지를 생산가능인구(15~64세)로 보고,
유소년인구수와 고령인구수를 각각 생산가능인구수로 나눈 값으
로 유소년부양비와 노인부양비를 계산하여 부양부담을 측정한다.
[표 2-10]에 나타나 있듯이, 우리나라는 저출산의 영향으로 유소
년인구비중은 꾸준히 감소하는 반면, 저출산과 수명연장으로 고
령인구의 비중은 급격하게 상승하고 있다. 그 결과 유소년부양비
는 급감하고 노인부양비는 급증하고 있다. 1970년 78.2%이던 유

소년부양비는 2005년 26.82%로 하락하였고, 노인부양비는 1970년 5.7%에서 2005년 12.6%로 상승하였다. 이러한 추세는 유소년부양비의 경우 하락폭이 둔화되어 2020년 이후에는 17%대에서 큰 변동이 없을 것으로 예상되는 반면에, 노인부양비는 증가 추세가 더욱 가속화되어 2020년에 21.7%, 2030년에 37.7%에 이르고 2050년이 되면 무려 72.1%에 달할 것으로 전망된다. 이에 따라 유소년인구에 대한 고령인구의 비율을 나타내는 노령화지수는 1970년 7.2%에서 2005년 67.7%로 상승하고, 이후 가속적으로 증가하여 2020년에 125.9%가 되고 2050년에는 429.2%에 달할 전망이다.

[표 2-10] 노인부양비 및 노령화지수

(단위: 천 명, %, 세)

연 도	총인구	14세 이하 비중	65세 이상 비중	유소년 부양비	노인 부양비	노령화 지수	중위 연령	평균 연령
1970년	32,241	42.5	3.1	78.2	5.7	7.2	18.5	23.6
1980년	38.124	34.0	3.8	54.6	6.1	11.2	21.8	25.9
1990년	42,869	25.6	5.1	36.9	7.4	20.0	27.0	29.5
2000년	47,008	21.1	7.2	29.4	10.1	34.3	31.8	33.1
2005년	48,138	19.2	9.1	26.8	12.6	47.3	34.8	35.5
2010년	48,874	16.2	11.0	22.2	15.0	67.7	38.0	38.0
2020년	49,326	12.4	15.6	17.2	21.7	125.9	43.8	42.7
2030년	48,635	11.4	24.3	17.7	37.7	213.8	49.0	46.7
2050년	42,343	8.9	38.2	16.8	72.1	429.2	53.4	50.4

주: 1) 2005년까지는 확정인구이며, 이후는 추계한 수로서 바뀔 수 있음
   2) 유년부양비=[(0~14세 인구) / (15~64세 인구)]×100
   3) 노년부양비=[(65세 이상 인구) / (15~64세 인구)]×100
   4) 노령화지수=[(65세 이상 인구) / (0~14세 인구)]×100
자료: 통계청 「세계 및 한국의 인구현황」

이러한 우리나라의 노인부양비는 2005년 12.6%를 기준으로 보면 세계 평균인 11%보다 약간 높고 선진국 평균인 23%보다는 훨씬 낮은 수준이나, 2030년이 되면 37.7%가 되어 예상되는 선진국 평균 36%보다 높아질 전망이다. 그리고 2050년에는 예상되는 세계 평균 25%와 선진국 평균 45%를 훨씬 넘어서는 72.1%가 될 전망이어서 앞으로 노인 부양부담이 심각한 경제·사회적 문제점이 될 것이다.[22] 노인 부양부담의 증가를 단적으로 표현하면, 1990년에는 약 13명이 1명의 노인을 부양하던 것을 2005년에는 약 8명이 1명의 노인을 부양하고 2050년이 되면 1.4명이 1명의 노인을 부양해야 하는 상황이 되는 것이다. 노인인구의 증가는 연금수급자의 증가, 노인 의료비 및 복지비의 증가 등으로 인해 재정지출의 증가로 이어지는 반면에, 인구구조의 고령화로 인한 취업자 수의 감소와 경제성장의 둔화로 조세 및 사회보장기여금 수입이 감소하여 재정적자 및 국가부채의 증가를 초래하게 된다. 이렇게 되면 공적 연금, 의료보험, 노인복지 등 사회보험제도의 개혁이 불가피해지고 따라서 개인별로 노후대책을 마련하는 것이 더욱 중요해질 전망이다.[23]

---

22) 노령화지수도 비슷한 추세를 보여 2005년의 47.3%는 세계 평균인 26%보다 높고 선진국 평균인 90%보다는 낮은 수준이나, 2020년에 125.9%가 되어 예상되는 선진국 평균(117%)보다 높아지기 시작해서 2050년의 429.2%는 예상되는 세계 평균(83%)과 선진국 평균(170%)을 훨씬 넘는 수준이 될 것으로 전망된다.

23) 인구구조의 고령화에 대비하여 개인별 노후준비에 대해서는 토의해야 할 많은 내용들이 있지만, 본 저서의 연구범위를 넘어서기 때문에 여기서는 언급하지 않는다.

III

인구구조의 변화가 자산시장에
미칠 영향: 통계자료 분석

01 자료 및 연구방법

　본 연구에서는 다양한 통계청 통계자료를 사용하여 향후 인구구조의 변화가 자산시장에 미칠 영향을 분석한다. 사용할 통계자료들을 열거하면, 「2000년 소비실태조사」, 「2006년 장래인구추계」, 「2006년 가계자산조사」, 「2005－2030 장래가구추계」, 「2008년 가계동향조사」, 「2009년 인구동향조사」 등이다. 이 가운데 가구주 연령별 자산보유 현황을 파악하고 여기에 장래 인구구조의 변화를 반영하여 자산시장에 미칠 영향을 분석하는 데 주된 자료로 「2006년 가계자산조사」가 사용될 예정이다.

　「2006년 가계자산조사」는 통계청이 처음으로 가구의 총자산을 금융자산, 부동산, 기타자산 등으로 나누어 보유실태를 조사하고 여기에서 부채액을 차감하여 순자산을 구한 통계자료이다. 이 자료는 조사원이 전국의 약 9,300가구의 표본가구를 직접 방문하여 면접조사를 실시한 결과로서 2006년 5월 31일을 기준으로 계산된 금액이다. 특히 주택, 토지, 건물 등 부동산 보유금액은 시가 평가액으로 파악되고 있다. 표본조사 결과이므로 비표본오차가 발생하고 자산에 대한 응답이 소극적이어서 자산조사 결과가 과소 측정될 가능성이 있으나, 앞서 언급한 바와 같이 기존 연구에서 사용한 「한국가구패널조사」에 비하면 훨씬 더 현실적인 자료인 것으로 판단된다.

따라서 본 연구에서는 「2006년 가계자산조사」와 「2006년 장래인구추계」 및 「2005－2030 장래가구추계」 자료를 활용하여 연령별 자산보유현황에 인구구조의 변동추이를 대입하여 연령별 자산수요를 예측하는 방법으로 향후 인구구조의 변동에 따른 자산시장의 변화를 추정해 볼 것이다. 여기에 덧붙여 「2009년 가계동향조사」에서 구한 가구당 월평균 가계수지와 국민은행의 「전국주택가격동향조사」 자료를 활용하여 연령별 주택 구매력을 알아보게 될 것이다. 그 밖에 「2005－2030 장래가구추계」와 「2009년 혼인통계」 등을 이용하여 인구구조 외에 자산수요에 영향을 미칠 수 있는 사회통계적 요인들도 고려하게 될 것이다. 예측기간은 2010년을 기준으로 10년 간격으로 2020년과 2030년을 대상으로 하고자 한다.

02 : 연령별 인구추이와 인구구조의 변화

[표 3-1]은 1990년부터 2040년까지 10년 간격으로 연령별 인구추이를 보여 주고 있다. 가장 먼저 눈에 띄는 변화추이는 유소년층 및 청년층의 인구가 지속적으로 하락하는 반면에 노년층의 인구가 급속도로 상승하고 있다는 것을 알 수 있다. 이러한 현상은 앞서 언급한 바와 같이 세계 최저 수준에 이른 출산율과 기대수명의 연장에 기인하고 있다.

특히, 한국전쟁 이후 출생아 수가 증가하기 시작한 1955년부터 산아제한이 시작된 1964년 사이에 10년 동안 태어난 우리나라 베이비붐 세대([표 3-1]에서 짙은 음영으로 표시)는 우리나라 인구구조의 변화의 핵심요인이 되고 있다.[24] 바로 이들 베이비붐

[표 3 - 1] 연령별 인구추이

(단위: 명)

나 이	1990년	2000년	2010년	2020년	2030년	2040년
4세 이하	3,203,203	3,259,783	2,201,465	1,919,300	1,815,629	1,398,120
5~9세	3,843,481	3,521,464	2,517,298	2,050,833	1,836,282	1,606,387
10~14세	3,926,908	3,129,982	3,188,145	2,148,028	1,873,425	1,772,722
15~19세	4,442,014	3,842,432	3,402,266	2,439,986	1,988,684	1,781,161
20~24세	4,342,407	3,854,382	3,113,166	3,111,552	2,097,211	1,829,895
25~29세	4,326,749	4,352,913	3,720,641	3,359,827	2,411,879	1,966,570
30~34세	4,134,702	4,247,992	3,828,448	3,085,598	3,087,235	2,082,471
35~39세	3,042,329	4,273,079	4,270,214	3,684,395	3,332,959	2,394,632
40~44세	2,477,748	4,020,438	4,184,430	3,766,996	3,042,560	3,049,122
45~49세	2,166,709	2,921,443	4,191,988	4,180,791	3,619,510	3,282,339
50~54세	2,021,714	2,365,862	3,907,712	4,095,839	3,705,948	3,004,592
55~59세	1,589,504	2,006,389	2,805,204	4,069,941	4,087,286	3,557,272
60~64세	1,156,731	1,817,056	2,186,709	3,711,478	3,925,256	3,576,827
65~69세	900,851	1,381,212	1,811,334	2,580,776	3,791,545	3,849,797
70~74세	598,852	922,213	1,526,896	1,908,063	3,314,792	3,571,336
75~79세	393,129	608,084	1,066,945	1,429,479	2,123,530	3,208,091
80세 이상	302,252	966,774	1,903,356	3,565,614	5,161,680	8,823,366
계	42,869,283	47,008,111	48,874,539	49,325,689	48,634,571	46,343,017

주: 2010년부터의 인구는 추계한 수로서 바뀔 수 있음
자료: 통계청, 「2006년 장래인구추계」

세대의 고령화와 기대수명의 연장, 그리고 1975년 이후 서서히
줄어들다가 1990년대 말부터 급격히 감소한 출생아 수가 우리나
라 인구구조에 급격한 변화를 초래한 주된 요인이 되고 있다.

---

24) 우리나라에서는 흔히 1955년에서 1964년 사이에 출생한 사람들을 베이비붐 세대라고 지
  칭하고 있으나, [표 3 - 1]에서 보는 바와 같이 이후에도 10년 동안은 출생아 수가 별로 감
  소하지 않음으로 인해 1965년에서 1974년 사이에 태어난 세대의 인구수가 베이비붐 세대
  와 비슷한 수준임을 알 수 있다. 따라서 일부에서는 우리나라의 베이비붐 세대를 1955년
  생부터 1974년생까지 확대해서 보아야 한다고 주장하고 있다.

[표 3-1]에서 보듯이, 베이비붐 세대는 70대까지도 800만 명이 넘는 인구수를 유지하지만, 2000년부터 10년 동안 태어나 0~9세를 구성하는 인구수는 약 470만 명에 불과하고 이후에도 지속적으로 감소하여 2040년에는 0~9세의 인구수가 300만 명이 채 못되는 수준으로 낮아지게 된다. 이는 베이비붐 세대가 태어나 0~9세를 구성하던 1964년에 약 900만 명에 이르던 것과 비교하면 무려 1/3 수준으로 낮아진 것이다.

사실 베이비붐 세대의 탄생과 성장은 그 국가의 정치, 경제, 사회 등 모든 분야에 상당한 영향을 미치는 것으로 알려지고 있다.[25] 우리나라도 예외는 아니어서 한국전쟁 이후 베이비붐 세대가 등장하고 여기에 경제성장이 맞물리면서 우리나라 경제발전과 사회변화에 베이비붐 세대가 미친 영향은 지대하다. 특히, 베이비붐 세대가 사회에 진입하고 생산활동에 참여하면서 발생한 소득으로 소비를 시작하고 자산을 형성하는 시점이 되면 물가가 상승하고 부동산 등 자산의 가격이 상승하는 것으로 알려지고 있다. 한편 베이비붐 세대가 은퇴를 시작하게 되면 경제가 침체되고 자산의 가격이 하락한다는 주장이 제기되고 있다.[26]

---

25) 미국과 일본에서 베이비붐 세대가 부동산과 주식 등 자산시장과 경제 전반에 미친 영향에 관해서는 본격적인 연구 분석은 아니지만 홍춘옥(2003)의 저서 『인구변화가 부의 지도를 바꾼다』에 잘 정리되어 있다.

26) 하나의 사례로서 일본인 1990년 이후 부동산 가격 폭락과 장기 경제 침체에 빠진 이유를 1930년대 태어난 일본 베이비붐 세대의 은퇴에서 찾는 주장이 있다.

우리나라에서는 2010년에 베이비붐 세대의 시작인 1955년생이 만 54세가 되기 때문에 2010년 중반부터 베이비붐 세대의 본격적인 은퇴가 시작된다. 이들의 은퇴가 여러 분야에서 영향을 미치겠지만, 그중에서도 부동산 등 자산시장에 미칠 영향에 대해서 많은 논란이 있다. 이에 본 연구에서도 향후 우리나라 인구구조의 변화가 부동산을 중심으로 하는 자산시장에 미칠 영향에 대해 통계자료 및 설문조사를 활용하여 분석하고자 한다.

03

연령별 자산보유 현황

우리나라 가계의 자산보유 현황에 대한 통계청의 유일한 조사 자료는 「2006년 가계자산조사」이다. 이 자료에 의해 2006년 기준 으로 우리나라 가구주의 연령별 자산보유현황을 재구성한 결과 를 [표 3-2]에서 보여 주고 있다.[27]

---

[27] 총자산은 저축총액과 부동산 시가평가액 및 기타자산 평가액을 합한 금액이고, 여기에서 부채액과 임대보증금으로 구성된 부채총액을 제외한 금액을 순자산으로 정의하고 있다. 한 편 저축총액은 순수한 저축액뿐 아니라 주식 및 채권 투자액과 저축성 보험금을 포함하고 있고, 전세 또는 월세 보증금도 여기에 포함시키고 있다. 부동산은 주택과 주택 이외로 나 누어 조사하고 있는데 토지, 건물, 분양 및 중도금 납입액 등이 주택 이외에 포함되고 있다. 그 밖에 자동차, 회원권, 귀금속, 골동품 및 예술품, 그리고 시가 300만 원 이상인 내구재 등을 기타자산 평가액으로 분류하고 있다.

[표 3-2] 가구주 연령별 자산보유 현황(2006년)

(단위: 만 원, %)

항목	전체	29세 이하	30~39세	40~49세	50~59세	60세 이상	65세 이상
총자산	28,112	5,418	18,001	30,260	37,243	32,076	29,544
금융자산	5,745 (20.4)	2,904 (53.6)	5,611 (31.2)	6,744 (22.3)	6,548 (17.6)	4,557 (14.2)	4,035 (13.7)
부동산	21,604 (76.8)	2,138 (39.5)	11,598 (64.4)	22,597 (74.7)	29,723 (79.8)	27,072 (84.4)	25,175 (85.2)
주택	12,756	1,674	8,603	14,345	16,471	13,935	12,770
주택 이외	8,848	464	2,996	8,252	13,252	13,138	12,405
기타자산	764 (2.7)	377 (7.0)	792 (4.4)	919 (3.0)	972 (2.6)	446 (1.4)	334 (1.1)
부채총액	3,948	987	3,723	4,943	4,620	2,997	2,489
순자산	24,164	4,432	14,278	25,317	32,623	29,079	27,056
순금융자산	1,797	1,917	1,889	1,801	1,928	1,560	1,546
순자산 대비 순금융자산 비율(%)	7.4	43.3	13.2	7.1	5.9	5.4	5.7
순자산 대비 부동산 비율(%)	89.4	48.2	81.2	89.3	91.1	93.1	93.0

주: ( ) 안은 총자산에 대한 비중임
자료: 통계청, 「2006년 가계자산조사」

우리나라 전체 가구의 가구당 평균 총자산은 2억 8,112만 원이고, 이 중 부동산(주택, 토지, 건물 등)은 2억 1,604만 원으로 76.8%를 차지하고 있고, 금융자산이 5,745만 원으로 20.4%이며, 기타자산(자동차, 회원권 등)이 764만 원으로 2.7%를 차지하고 있다. 한편, 전체 가구의 가구당 평균 부채총액은 총자산 대비 14.0%인 3,948만 원으로 이를 제외한 순자산은 2억 4,164만 원이고, 금융자산에서 부채총액을 제외한 순금융자산은 1,797만 원으로 나타나고 있다. 이에 따라 순자산 대비 부동산 비율은 89.4%에 달해 약 50~70% 정도로 알려진 선진국에 비해 순자산 중 부동산이 차지하는 비중이 매우 높은 수준임을 알 수 있다. 부동산 중에서는 주택이 1억 2,756만 원으로 주택 이외의 부동산 8,848만 원보다 거의 50% 많은 것으로 나타나고 있다. 따라서 우리나라의 경우는 인구구조의 변화가 자산시장에 미치는 영향이 부동산에 집중될 수밖에 없고, 그중에서도 주택시장에 미치는 영향이 가장 크다.

[표 3-2]에서 자산보유현황을 가구주의 연령대별로 살펴보면 몇 가지 흥미로운 패턴을 발견할 수 있다. 이를 쉽게 파악할 수 있도록 연령대별 총 자산보유액 및 구성비율을 [그림 3-1]에서 보여 주고 있다.

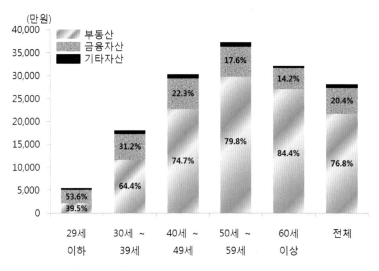

(만원)

- 부동산
- 금융자산
- 기타자산

연령	기타자산	금융자산	부동산
29세 이하		53.6%	39.5%
30세 ~ 39세	31.2%	64.4%	
40세 ~ 49세	22.3%	74.7%	
50세 ~ 59세	17.6%	79.8%	
60세 이상	14.2%	84.4%	
전체	20.4%	76.8%	

[그림 3-1] 가구주 연령별 총 자산보유액 및 구성비율

먼저 우리나라 가구의 연령별 자산축적패턴은 30대부터 증가하기 시작하여 50대에 정점을 이루고 이후 서서히 감소하기 시작한다는 것을 알 수 있다.[28] 30대에는 총자산이 1억 8,000만 원에 불과하다가 40대에는 3억 이상이 되고 50대에 총자산이 평균 3억 7,243만 원으로 정점이 된 이후 감소하는 것으로 나타나고 있다. 이러한 패턴은 미국이나 영국 등 선진국에서 총자산이 연

---

28) Dent(2004)의 저서 『Bubble Boom』에서 기술하고 있는 미국의 연령별 경제활동의 특징에 따르면, 평균 20세에 노동시장에 진입하고 26세에 결혼을 형성하며 31세가 되면 주택구입을 시작하는 것으로 알려져 있다. 또한 42세에 이르면 일생 중 가장 큰 집에 살면서 부채금액이 정점에 이르고 48세에는 소비지출이 정점을 이루며, 평균 퇴직연령은 63세이고 보유하고 있는 자산이 정점에 이르는 시점은 64세 전후가 되고 있다. 이러한 패턴을 그대로 우리나라에 적용하기는 힘들다. 우리나라의 경우는 남성의 군복무 등으로 노동시장 진입연령이 다른 나라에 비해 늦어져 평균 24세인 것으로 알려져 있고 첫 주택 구입연령도 미국보다 훨씬 늦은 평균 37세로 알려져 있다.

령 증가와 함께 꾸준히 증가하다가 70세 이후에 가서 다소 감소하는 모습을 보이는 것과 비교되는 결과로서 우리나라의 경우에는 10년 정도 이른 연령부터 자산이 감소하는 경향이 있음을 알 수 있다.[29] 이러한 현상은 우리나라의 경우 선진국에 비해 사회보장제도 및 연금제도의 미비로 일찍부터 축적한 재산의 일부를 처분하여 노후자금으로 사용해야 하고, 사회관습상 부모가 자녀의 대학 교육비 및 결혼비용의 상당 부분을 부담해야 하기 때문인 것으로 보인다.

한편 부채총액은 40대에 평균 4,943만 원으로 정점을 이루고 이후에는 서서히 감소하는 추세를 보여 주고 있다. 따라서 총자산에서 부채총액을 차감한 순자산의 규모도 50대에 평균 3억 2,623만 원으로 정점을 이루고 이후 서서히 감소하기 시작하지만 60대 이후에도 평균 순자산은 2억 9,079만 원으로 40대의 평균 순자산 2억 5,317만 원보다는 높은 수준을 유지하는 것으로 나타났다.

다음은 총자산을 금융자산, 부동산, 기타자산으로 나누어 살펴보자. 먼저 금융자산은 40대가 평균 6,744만 원으로 가장 큰 금액을 차지하고 있으나, 비율로 보면 총자산에서 금융자산이 차지하는 비중이 30대까지는 30% 이상으로 비교적 높은 수준이고 이후 연령이 증가함에 따라 지속적으로 감소하여 60대 이후에는 15%

---

29) 미국의 경우는 Poterba(2001), 영국의 경우는 Banks and Tanner(2002)를 참고.

이하로 낮아지고 있다. 그러나 금융자산 중에서 전세 또는 월세 보증금을 제외한 순금융자산을 보면 모든 연령대에서 2,000만 원을 넘지 못하고 있고, 이를 순자산 대비 비율로 계산하면 전체 가구의 평균이 7.4%에 불과하고 특히 50대 이후에는 5%대에 머물고 있다. 이와 같이 우리나라의 경우 유동성이 높은 순금융자산이 순자산에서 차지하는 비중이 낮음으로 인해 노후준비를 위한 자산포트폴리오의 구성이 적절하지 못하다는 것을 알 수 있다. 한편 기타자산이 총자산에서 차지하는 비중은 20대에서 7.0%를 차지하나 연령층이 높아 갈수록 지속적으로 하락하여 50대에는 2.6%, 그리고 65세 이후에는 1.1%에 불과하여 사실상 자산포트폴리오 구성에서 별다른 역할을 하지 못하고 있다.[30]

상대적으로 총자산 중 부동산이 차지하는 비중은 매우 높은 수준이다. 본격적인 자산 형성기에 접어들지 않은 20대는 제외하고 30대에 총자산 중 부동산이 차지하는 비중은 64.4%가 되고 이후 계속 증가하여 40대에 74.7%, 50대에 79.8%, 그리고 60대 이후에는 84.4%에 이르고 있다. 이를 다시 부채를 제외한 순자산 대비 부동산의 비율로 구해 보면 30대에 이미 80%를 넘어서고 이후 꾸준히 증가하여 60세 이상에서는 93%에 이르고 있다. 이처럼 노년층으로 갈수록 순자산 중 부동산이 차지하는 비중이

---

30) 그나마 20대에서 기타자산의 비중이 7.0%에 달하는 이유는 총자산의 규모가 작은 상태에서 자동차 보유액이 차지하는 비중 때문인 것으로 보인다.

비정상적으로 높고 순금융자산의 비중이 매우 낮다는 것은 부동산의 유동화가 용이하지 않을 경우 노후자금을 조달하는 데 어려움이 크다는 것을 시사하고 있다.

이와 같이 장노년층의 보유자산 중 높은 부동산의 비중은 전통적으로 부동산에 강한 집착을 보이는 국민적 정서와 더불어 부동산 가격의 상승으로 부동산 규모가 상대적으로 증가한 점에 기인하고 있다. 반면에, 30대까지는 부동산의 비중이 낮은 이유로 장기주택담보대출제도가 발달되어 있지 않고 소득 대비 주택가격이 높아 주택마련이 용이하지 않다는 점을 들 수 있다. 이와 같이 부동산에 편중된 우리나라 가구의 자산포트폴리오 구조는 베이비붐 세대의 은퇴와 맞물리면서 향후 우리나라 부동산 시장에 커다란 영향을 미칠 가능성이 내재되어 있다.

부동산 보유액을 주택과 주택 이외(토지, 상가 등)로 구분하여 나타낸 결과를 [그림 3-2]에서 보여 주고 있다. 평균 주택보유액이 20대에는 1,674만 원에 불과하지만 30대에 8,603만 원, 40대에 1억 4,345만 원으로 급속하게 증가하고, 50대에 1억 6,471만 원으로 정점을 이른 후에 60대 이후에는 1억 3,935원으로 감소하고 있다. 즉 30대에 주택구입이 본격화되고 50대에 전체 자산 중 주택의 비중이 높았다가 이후에는 감소하는 경향을 보여 주고 있다. 반면에 주택 이외의 부동산, 즉 토지나 상가 등의 보유액은

50대까지 급속하게 증가하여 50대 평균 보유액이 1억 3,252만 원에 이르고 60대 이후에도 이와 비슷한 1억 3,138만 원을 유지하고 있다. 다른 연령대에서는 부동산 중 주택 이외 자산이 차지하는 비중이 1/3에 불과하지만 60대 이후에서는 주택과 주택 이외 부동산 보유액의 차이가 미미한 수준으로 떨어지고 있다.

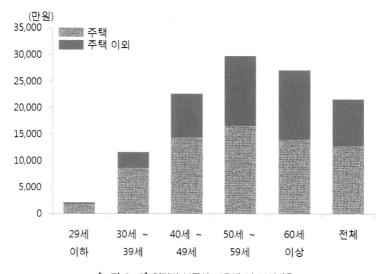

[그림 3-2] 연령별 부동산 보유액 및 구성비율

이러한 통계적 결과는 자녀들이 출가하고 은퇴를 하는 60대가 되면 보유하고 있는 부동산 중에서 주로 주택보유액을 줄여 자녀의 결혼자금이나 자신의 노후자금으로 사용하고 있다는 우리나라의 사회적 통념을 뒷받침하고 있다. 따라서 향후 우리나라의 베이비붐 세대가 은퇴와 함께 노후자금 마련을 위해 전체 자산보유액 중 큰 부분을 차지하고 있는 주택을 처분하게 될 때 이것이 부동산시장에 미칠 영향에 대해서 우려하지 않을 수 없다. 특히 베이비붐 세대가 처분하는 주택을 받아 줄 다음 세대의 인구구성과 주택구입 능력, 부동산에 대한 인식 등이 향후 우리나라 부동산시장의 중요 변수가 될 전망이다.

04

소득, 주택소유, 주거형태에 따른 자산보유 현황

소득수준에 따른 자산보유 현황을 살펴보기 위해 소득수준을 20%씩 나눈 소득 5분위별로 자산보유 현황을 파악한 결과가 [표 3-3]에 나타나 있고 이를 [그림 3-3]에 정리하여 보여 주고 있다. 예상대로 소득수준이 높을수록 자산보유액이 증가하여 평균 총자산이 소득 Ⅰ분위가 1억 2,996만 원에서 Ⅳ분위가 2억 9,264만 원으로 서서히 증가하다가 최상위 소득수준인 Ⅴ분위에서는 6억 172만 원으로 급격히 증가하고 있다.[31]

---

31) 최하위 소득수준인 Ⅰ분위의 총자산 평균이 1억 원이 훨씬 넘는 것은 언뜻 이해하기 어려워 보이나, 여기에는 빈곤층 가구뿐 아니라 보유한 자산은 있으나 별다른 소득이 없는 은퇴한 노년층이 포함된 결과로 보인다.

[표 3-3] 소득 5분위별 자산분포(2006년)

(단위: 만 원, %)

항 목		전 체	I 분위	II 분위	III 분위	IV 분위	V 분위
총자산		28,112	12,996	17,937	20,188	29,264	60,172
금융자산		5,745 (20.4)	2,487 (19.1)	3,814 (21.3)	4,679 (23.2)	6,287 (21.5)	11,456 (19.0)
부동산		21,604 (76.8)	10,316 (79.4)	13,773 (76.8)	14,957 (74.1)	22,118 (75.6)	46,853 (77.9)
	주택	12,756	5,891	7,519	9,375	14,371	26,620
	주택 이외	8,848	4,425	6,254	5,582	7,746	20,233
기타자산		764 (2.7)	193 (1.5)	350 (2.0)	551 (2.7)	860 (2.9)	1,863 (3.1)
부채총액		3,948	1,426	2,311	3,045	4,699	8,258
순자산		24,164	11,571	15,626	17,143	24,566	51,913
순금융자산		1,797	1,062	1,503	1,634	1,588	3,198
순자산 대비 순금융자산 비율(%)		7.4	9.2	9.6	9.5	6.5	6.2
순자산 대비 부동산 비율(%)		89.4	89.2	88.1	87.3	90.0	90.3

주: ( ) 안은 총자산에 대한 비중임
자료: 통계청, 「2006년 가계자산조사」

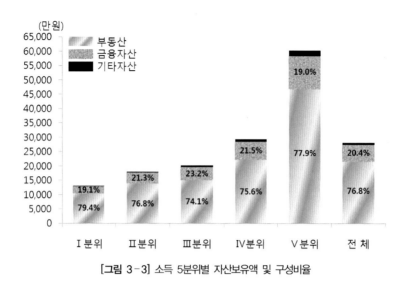

[그림 3-3] 소득 5분위별 자산보유액 및 구성비율

여기에서 특징적인 결과는 총자산에서 부동산이 차지하는 비중이 소득수준에 상관없이 75% 전후로 거의 비슷하고, 마찬가지로 순자산을 기준으로 보아도 89% 전후로 비슷한 수준을 보여주고 있다는 점이다. 즉, 소득수준이 높을수록 비례하여 보유하고 있는 부동산도 많아지고 있음을 보여 준다. 다만 최상위 소득수준인 Ⅴ분위 계층에서는 부동산 중에서 토지, 상가 등 주택 이외가 차지하는 비중이 주택에 비해 상대적으로 크다는 특징이 있다. 이러한 사실은 고소득자일수록 토지를 많이 보유하고 상가의 임대소득이 많다는 것을 암시하고 있다.

금융자산도 소득수준에 비례하여 함께 증가하고 있는데, 소득 Ⅰ분위가 2,487만 원에서 소득 Ⅳ분위가 6,287만 원으로 꾸준히 증가하다가 최상위 소득수준인 V분위에서는 1억 1,456만 원으로 급격히 증가하고 있다. 그러나 월세 또는 전세 보증금을 제외한 순수한 저축 또는 투자액을 나타내는 순금융자산의 평균은 II분위, III분위, IV분위가 1,500만~1,600만 원대로 비슷한 수준을 보여 주고 있고 V분위가 3,198만 원을 나타내고 있다. 결과적으로 부채를 제외한 순자산 중 순금융자산이 차지하는 비중은 IV분위와 V분위가 각각 6.5%와 6.2%로서 낮은 소득 계층에서 9%를 넘는 수준인 것과 비교된다. 따라서 차이가 크지는 않지만 상대적으로 고소득층일수록 부동산 보유비중이 높아지고 기타 자산의 비중도 증가하고 있다.

다음으로 주택소유 여부 및 거주주택의 종류에 따른 자산보유 현황을 나타낸 결과가 [표 3-4]에 나타나 있다. 우선 주택소유 가구주의 평균 총자산이 3억 8,434만 원으로 주택미소유 가구주의 2억 3,284억 원보다 1억 5천만 원 이상 많은 것으로 나타나고 있다. 이는 우리나라의 경우 보유자산포트폴리오 중에서 주택이 차지하는 비중이 크다는 것을 보여 주는 결과이다. 다만 주택미소유 가구주의 주택 이외의 부동산 보유액은 오히려 주택소유 가구주보다 약간 많은 것으로 나타나, 주택은 보유하고 있지 않더라도 토지나 상가 등 다른 형태의 부동산은 보유하고 있음을 알 수 있다.

[표 3-4] 주택소유 및 주택종류에 따른 자산분포

(단위: 만 원)

항 목		주택소유여부		거주주택종류		
		주택소유	주택미소유	단독주택	아파트	연립 및 다세대주택
총자산		38,434	23,284	20,722	40,088	14,658
금융자산		6,332	9,450	4,193	8,079	3,840
부동산		31,151	13,081	16,098	36,771	10,358
	주택	18,902	0	7,483	20,128	7,137
	주택 이외	12,249	13,081	8,615	10,643	3,221
기타자산		752	316	432	1,238	460
부채총액		5,211	3,897	2,546	5,774	2,867
순자산		33,222	19,387	18,176	34,313	11,791
순금융자산		5,753	4,764	3,333	6,445	2,968

자료: 통계청, 「2006년 가계자산조사」

금융자산은 오히려 주택미소유 가구주가 주택소유 가구주보다 훨씬 많은 것으로 나타나고 있으나, 이는 주택미소유의 경우 월세 또는 전세 보증금이 금융자산에 포함된 결과로서 이를 제외한 순금융자산으로 보면 주택소유 가구주가 평균 5,753만 원으로 주택미소유 가구주의 4,764만 원보다 많다는 것을 알 수 있다. 또한 기타자산의 경우도 주택소유 가구주가 주택미소유 가구주보다 두 배 이상 많은 것으로 나타나고 있다. 부채총액의 경우는 주택소유 가구주가 주택미소유 가구주보다 많은 것으로 나타나고 있으나, 여기에 임차보증금이 포함된 결과로서 이를 제외한 순부채의 규모는 주택소유의 경우가 주택미소유의 경우보다 작아지고 있다.

한편 [표 3-4]에는 현재 거주하는 주택을 단독주택, 아파트, 연립 및 다세대 주택으로 나누어 살펴본 거주주택 종류별 자산 보유현황이 나타나 있다. 무엇보다 눈에 띄는 결과는 아파트에 거주하는 가구가 단독주택 또는 연립 및 다세대 주택의 거주하는 가구에 비해 부동산, 금융자산, 기타자산 등 모든 자산의 평균 보유규모가 월등하게 크다는 점이다. 특히 아파트 거주 가구의 평균 주택자산보유액이 2억 128만 원으로 단독주택 거주 가구의 7,483만 원, 연립 및 다세대 주택 거주 가구의 7,137만 원보다 월등히 많은 규모임을 보여 준다.

결과적으로 아파트 거주 가구의 평균 총자산은 4억 88만 원인 반면에 단독주택 거주 가구는 2억 722만 원이고 연립 및 다세대 주택 거주 가구는 1억 4,658만 원으로 커다란 차이를 보여 주고 있다. 물론 부채총액은 아파트 거주 가구가 단독주택 또는 연립 및 다세대 주택의 거주하는 가구에 비해 훨씬 많은 것으로 나타나고 있으나, 부채를 제외한 순자산의 규모는 여전히 아파트 거주 가구가 월등하게 많음을 알 수 있다.

05 향후 연령별 인구 및 가구 수 변화

앞서 살펴본 연령별 자산보유현황에 인구구조의 변동추이를 대입하여 연령별 자산수요를 예측하기 위해서 먼저 본 연구에서는 2010년부터 10년 간격으로 2020년과 2030년의 연령별 인구 및 가구 수의 변화를 분석하고자 한다. [표 3-5]에서 보듯이, 우리나라의 향후 연령별 인구수의 변화추이는 이미 앞에서 살펴본 바와 같이 급속한 인구구조의 고령화를 그대로 반영하고 있다. 즉, 젊은 층의 인구수는 감소하고 노년층의 인구수는 급속하게 증가하는 추세가 나타나고 있는 것이다.

[표 3-5] 연령별 인구수 변화

(단위: 천 명)

년 도	29세 이하	30~39세	40~49세	50~59세	60세 이상
2010	18,143 (−17.4%)	8,099 (−5.0%)	8,376 (20.7%)	6,713 (53.5%)	8,495 (49.2%)
2020	15,030 (−17.2%)	6,770 (−16.4%)	7,948 (−5.1%)	8,166 (21.6%)	13,195 (55.3%)
2030	12,023 (−20.0%)	6,420 (−5.2%)	6,662 (−16.2%)	7,793 (−4.6%)	18,317 (38.8%)

주: ( ) 안에는 각 연령대별로 10년 전 대비 인구수의 변화율임
자료: 통계청, 「2006년 장래인구추계」

2010년을 기준으로 보면, 50대의 인구수가 10년 전인 1990년에 비해 무려 53.5%나 증가했고 40대의 인구수도 20.7% 증가하고 있는데, 이는 우리나라의 베이비붐 세대가 2010년에 40~50대를 이루고 있기 때문이다. 60대 이상의 인구수도 10년 전에 비해 49.2%나 증가하고 있는데 이는 주로 기대수명의 연장을 반영하고 있다. 반면에 30대와 20대 이하의 인구수는 10년 전과 비교한 변화율이 각각 −5.0%, −17.4%로 젊은 층의 인구수 감소가 시작되고 있음을 알 수 있다. 그러나 자산시장에 지대한 영향을 미치는 것으로 알려진 40~50대 소위 '쌍봉세대'의 비중이 크게 증가함에 따라 부동산을 중심으로 한 자산시장은 여전히 팽창과정에 있을 것이다.[32]

베이비붐 세대가 60대에 진입하는 2020년이 되면, 60대 이상의

---

32) '쌍봉세대'란 Wallace(1999)가 40대와 50대를 가리켜 인생의 커다란 두 개의 봉우리에 비유한 표현으로서 이들 세대가 자산시장을 실질적으로 주도하는 세력이 되고 있다.

인구수가 1,320 만 명으로 10년 동안 무려 55.3%나 증가하게 되고, 50대 인구수도 베이비붐 세대로 인해 21.6%나 증가하게 된다. 반면 40대 인구수는 2010년에 비해 변화율이 −5.1%로 인구 감소가 시작되고, 30대는 10년 전과 비교한 변화율이 −16.4%로서 본격적인 인구 감소가 나타나며, 29세 이하는 변화율이 −17.2%로 인구 감소가 여전히 지속되고 있음을 알 수 있다. 문제는 이 시점이 되면 자산 축적이 정점을 이루는 50대가 증가하는 반면에 자산의 일부를 처분하여 노후자금을 마련해야 하는 60대 이상의 인구수가 급증하고 자산형성이 시작되는 30대의 인구수가 감소하기 때문에 인구구조의 변화가 자산시장에 미치는 영향이 본격적으로 나타날 가능성이 있다.

2030년에는 60세 이상의 인구수만 10년 전인 2020년에 비해 38.8%가 증가하고 다른 모든 연령대에서는 인구 감소가 나타나고 있다. 이는 2030년이 되면 베이비붐 세대가 모두 60세를 넘어서고 이들의 기대수명은 계속 늘어나는 반면에 출생자 수가 줄기 시작한 1975년 이후에 태어난 세대들이 50대 중반 이하를 차지하기 때문이다. 특히 우리나라의 합계출산율이 세계 최하 수준으로 떨어진 1990년대 말 이후에 태어난 세대가 30대에 접어들면서 29세 이하의 인구수가 10년 전인 2020년에 비해 20%나 감소하게 될 전망이다. 이에 따라 2030년이 되면 자산 형성을 시작하는 30대부터 자산형성이 본격화되는 40~50대가 모두 인구감소에 봉착하게 되며 자산규모가 감소하는 60세 이상의 인구수만 증가하게 됨으로써 인구구조의 변화로 인한 자산시장의 침체가 심각한 수준이 될 것으로 예상된다.

이상 검토한 연령별 인구수의 변화를 연령별 가구 수의 변화로 바꿔 살펴본 결과가 [표 3-6]에 나타나 있다. 10년 전 대비 변화율을 보면 전반적인 변화추이는 인구수와 가구 수가 매우 유사하다. 즉, 노년층 가구 수는 급증하고 청장년층 가구 수는 감소하는 추세를 보여 주고 있다. 다만 20~30대의 가구 수 감소폭이 인구수 감소폭보다 좀 더 큰 것은 뒤에서 상세하게 분석하겠지만 결혼을 기피하거나 초혼연령이 높아짐으로 인해 독립적인 가구 형성이 늦어지는 현상 때문인 것으로 보인다.

[표 3-6] 연령별 가구 수 변화

(단위: 천 가구)

년 도	29세 이하	30~39세	40~49세	50~59세	60세 이상
2010	1,252 (−12.8%)	3,428 (−9.5%)	4,427 (16.3%)	3,791 (51.0%)	4,256 (53.7%)
2020	1,119 (−10.6%)	2,783 (−18.8%)	4,213 (−4.8%)	4,553 (20.1%)	6,245 (46.7%)
2030	772 (−31.0%)	2,579 (−7.3%)	3,522 (−16.4%)	4,392 (−3.5%)	8,608 (37.8%)

주: ( ) 안에는 연령대별로 10년 전 대비 가구 수의 변화율임
자료: 통계청, 「2005－2030 장래가구추계」, 「2000 인구주택총조사」

06 : 인구구조의 변화에 따른 연령별 자산시장의 영향

　이상 살펴본 결과 중 연령별 자산보유현황과 미래의 연령별 인구추이 및 가구 수 변화 등을 연결하여 분석하면 향후 우리나라 인구구조의 변화가 자산시장에 미칠 영향을 연령대별로 추론할 수 있다.[33] 이를 위해 본 연구에서는 연령별 자산보유현황에서 직전 연령대 자산보유액 대비 해당 연령대의 자산보유액의 변화율을 구하고, 여기에 앞서 [표 3-5]와 [표 3-6]에서 살펴본 연령대별로 10년 전 대비 인구수 및 가구 수의 변화율을 적용함

---

[33] 앞서 언급한 바와 같이 이러한 방법으로 미래 자산수요를 예측한 결과는 연령별 자산분포가 시간적으로 안정적일 것이란 가정에 기초를 두고 있다. 따라서 본 연구에서는 일단 이 방법으로 자산수요를 예측하고, 뒷부분에서 다른 사회통계 및 설문조사 자료를 활용하여 위와 같은 연구의 한계를 보완하게 될 것이다.

으로써 2010년부터 2030년까지 10년 간격으로 인구구조의 변화가 자산시장에 미칠 영향을 예측해 보고자 한다.

먼저 통계청의 「2006년 가계자산조사」를 기초로 직전 연령대의 자산보유액 대비 해당 연령대의 자산보유액의 변화율을 구한 결과를 [표 3-7]에서 볼 수 있다.

[표 3-7] 연령별 자산보유액 변화

(단위: 만 원)

항 목		29세 이하	30~39세	40~49세	50~59세	60세 이상
총자산		5,418 (-)	18,001 (232.2%)	30,260 (68.1%)	37,243 (23.1%)	32,076 (-13.9%)
금융자산		2,904 (-)	5,611 (93.2%)	6,744 (20.2%)	6,548 (-2.9%)	4,557 (-30.4%)
부동산		2,138 (-)	11,598 (442.5%)	22,597 (94.8%)	29,723 (31.5%)	27,072 (-8.9%)
	주택	1,674 (-)	8,603 (413.9%)	14,345 (66.7%)	16,471 (14.8%)	13,935 (-15.4%)
	주택 이외	464 (-)	2,996 (545.7%)	8,252 (175.4%)	13,252 (60.6%)	13,138 (-0.9%)
기타자산		377 (-)	792 (110.1%)	919 (16.0%)	972 (5.8%)	446 (-54.1%)
부채총액		987 (-)	3,723 (277.2%)	4,943 (32.8%)	4,620 (-6.5%)	2,997 (-35.1%)
순자산		4,432 (-)	14,278 (222.2%)	25,317 (77.3%)	32,623 (28.9%)	29,079 (-10.9%)
순금융자산		1,917 (-)	1,888 (-1.5%)	1,801 (-4.7%)	1,928 (7.1%)	1,560 (-19.1%)

주: ( ) 안에는 직전 연령대 대비 해당 연령대의 자산보유액의 변화율임
자료: 통계청, 「2006년 가계자산조사」

우선 향후 인구수와 가구 수가 급속하게 증가할 60대 이상의

자산보유액 변화를 살펴보면, 평균 총 자산보유액은 50대에 비해 변화율로는 −13.9%, 금액으로는 5,767만 원 감소하는 것으로 나타나고 있다. 그중에서 금융자산이 −30.4%로 감소폭이 크고, 부동산 보유액이 −8.9% 감소하며, 비중은 작지만 기타자산이 −54.1%로 감소폭이 가장 큰 것으로 나타난다. 다만 금융자산 중 저축이나 투자 등을 포함한 순금융자산만 보면 감소폭이 −19.1%로 줄어들고 있다. 총자산 중 보유비중이 압도적으로 높은 부동산을 주택과 주택 이외로 나누어 보면, 비중이 큰 주택은 −15.4% 감소하고 주택 이외 부동산은 −1% 이내의 미미한 감소를 보여 주고 있다. 한편 60세 이상의 평균 부채총액은 50대에 비해 변화율이 −35.1%로 부채가 크게 줄어들어 순자산 변화율은 −10.9%로 나타나고 있다. 결론적으로 60세 이상은 노후자금 마련을 위해 보유하고 있는 자산의 일부를 처분하여 사용하고 있음을 알 수 있고, 이로 인해 60세 이상의 인구비중은 자산시장에서 수요보다는 공급에 중요한 역할을 하게 된다.

이러한 결과에 앞서 살펴본 60대 이상의 인구수 및 가구 수 변화 예상치를 적용하여 보면 60대 이상 인구의 구조변화가 자산시장에 미칠 영향을 추정할 수 있다. 우리나라는 베이비붐 세대가 노년층에 유입되기 시작하는 2020년이 되면 60세 이상의 인구수가 2010년에 비해 무려 55.3% 증가하고 가구 수도 46.7%

나 증가하게 된다. 따라서 처분해야 할 자산액이 많은 60대 이상의 인구비중이 급증함에 따라 이들이 처분하는 물량이 자산시장에서 커다란 변수가 될 전망이다. 특히 보유비중이 높은 부동산 중에서도 평균 주택보유액이 15% 이상 감소할 것으로 예상되므로 주택시장에 미칠 영향이 적지 않을 것으로 보인다. 이러한 60대 이상의 인구 및 가구 수의 급증은 2020년 이후에도 지속되어 2030년까지 각각 38.8%, 37.8% 증가할 것으로 예상되기 때문에 우리나라에서는 60대 이상의 인구가 주택을 중심으로 부동산시장에서 지속적으로 커다란 영향을 미치게 될 것으로 보인다.

다음으로 자산축적이 정점에 이르는 50대의 자산보유액 변화를 살펴보면, 평균 총 자산보유액은 40대에 비해 6,983만 원 증가하여 23.1%의 증가율을 나타내고 있다. 그중 금융자산은 −2.9% 감소하나 예금이나 투자 등 순금융자산은 7.1% 증가하고, 총자산 중 약 80%를 차지하는 부동산이 31.5%나 증가하며, 비중이 낮은 기타자산은 5.8% 증가하는 것으로 나타나고 있다. 부동산을 주택과 주택 이외로 나누어 보면, 주택이 14.8% 증가하는 것에 비해 토지나 상가 등 주택 이외의 부동산이 60.6%의 큰 증가폭을 보이는 것이 특징이다. 한편 60세 이상의 평균 부채총액은 40대에 비해 변화율이 −6.5%로 부채가 다소 줄어들어 순자산은

28.9% 증가하는 것으로 나타나고 있다. 따라서 50대는 주택을 중심으로 평균적으로 가장 많은 자산을 보유한 세대로서 이들의 역할이 자산시장에서 중요한 요인이 되고 있다.

한편, 많은 인구수를 갖는 1960~1969년 사이에 출생한 세대가 50대를 채우는 2020년이 되면 50대를 구성하는 인구수가 2010년에 비해 21.6% 증가하고 가구 수로 보아도 20.1%나 증가한다. 이러한 인구 및 가구 수의 증가와 자산보유액의 변화를 결합해 보면, 2010년에서 2020년 사이에 40대가 50대로 전환되면서 부동산을 중심으로 자산수요의 커다란 증가가 예상된다. 부동산 중에서도 주택뿐 아니라 토지나 상가 등 주택 이외의 부동산에 대한 수요가 크게 증가할 것으로 예상된다.[34] 그러나 2030년이 되면 인구수가 많았던 1955~1974년 출생자들이 60세 이상이 되고 출생자 수가 감소하기 시작한 1975년 이후에 태어난 세대들이 50대에 접어들면서 50대의 인구수와 가구 수가 각각 -4.6%, -3.5% 감소한다. 따라서 2030년에 가면 50대에 의한 자산수요도 감소하기 시작할 것이다.

다음은 40대의 자산보유액 변화로서 평균 총 자산보유액이 30

---

[34] 일부에서는 이처럼 자산형성의 정점을 이루는 50대의 인구수가 2020년까지도 계속 증가하는 것을 근거로 우리나라 부동산 시장의 호황이 2020년까지는 지속될 수 있을 것이라고 예상하기도 한다. 그러나 이 시점이 되면 베이비붐 세대의 상당수가 은퇴를 하게 되면서 이들이 노후자금을 마련하기 위해 처분하게 될 부동산을 다음 세대가 매입할 수 있는 의사와 능력이 있는지에 대해서 의문을 제기하면서 부동산 시장이 2020년 이전에 침체에 빠질 수 있다는 의견도 적지 않다.

대에 비해 무려 1억 2,259만 원 증가하여 68.1%의 증가율을 나타
냄으로써 본격적으로 자산축적이 이루어지는 세대임을 알 수 있
다. 그중 금융자산은 20.2% 증가하나 예금이나 투자 등 순금융자
산은 오히려 −4.7% 감소하고, 기타자산은 16.0% 증가하나 그 비
중이 미미하기 때문에 실제 총자산 증가의 대부분은 금액으로 1
억 1,000만 원, 증가율로 94.8%에 달하는 부동산에서 발생하고
있다. 부동산을 주택과 주택 이외로 나누어 보면, 평균 주택보유
액은 5,742만 원 증가하여 66.7%의 증가율을 보이고 토지나 상가
등 주택 이외의 부동산은 5,256만 원 증가하여 175.4%의 높은 증
가율을 나타내고 있다. 한편 40대의 평균 부채총액은 30대에 비
해 32.8%나 증가하여 순자산의 증가율은 77.3%로 총자산보다 증
가폭이 줄어들고 있다. 따라서 40대는 부동산 매입을 통해 본격
적으로 자산축적에 나서는 세대로서 부동산을 중심으로 하는 자
산시장에서 주된 수요자로 역할을 하고 있다.

그러나 2020년에 40대를 구성하는 인구수와 가구 수가 2010년
에 비해 각각 −5.1%, −4.8%씩 감소하기 때문에 이들이 30대에
서 40대로 넘어오면서 부동산을 중심으로 자산수요의 증가폭은
다소 약화될 것으로 예상된다. 이러한 경향은 2030년에 가면 40
대의 인구수와 가구 수가 각각 −16.2%, −16.4%나 감소하기 때
문에 좀 더 심화될 것으로 예상된다. 따라서 2030년이 되면 자산

시장에 지대한 영향을 미치는 것으로 알려진 40~50대 소위 '쌍봉세대'의 비중이 크게 감소함에 따라 부동산을 중심으로 한 자산시장이 크게 위축될 것으로 보인다.

다음으로 본격적으로 가구를 구성하고 자산 형성을 시작하는 30대의 자산수요를 살펴보면, 금융자산, 부동산, 기타자산 등 모든 자산의 증가율이 20대에 비해 매우 큰 수준이나, 이는 워낙 20대의 자산보유액이 작기 때문에 나타난 기저효과이기에 큰 의미는 없다. 따라서 금액을 기준으로 계산해 보면, 30대 가구주의 평균 총자산은 20대에 비해 1억 2,583만 원이 증가한 1억 8,001만 원이고, 이 중 금융자산은 20대에 비해 2,707만 원, 부동산은 9,460만 원, 기타자산은 415만 원이 증가하고 있다. 그러나 월세 또는 전세 보증금을 제외한 순금융자산은 20대에 비해 평균 28만 원 감소하고 있고 기타자산의 증가액도 작은 규모이기 때문에 사실상 30대의 자산축적도 대부분 부동산으로 이루어지고 있음을 알 수 있다. 부동산 중에서도 주택보유액이 6,929만 원 증가함으로써 주택 이외의 부동산 증가액 2,532만 원을 훨씬 능가하고 있다. 한편, 30대의 평균 부채총액은 3,723만 원으로 총자산에서 이를 제외한 순자산은 평균 1억 4,278만 원이다. 이와 같이 30대는 일반적으로 자산 축적을 본격적으로 시작하는 시기이므로 사실상 자산시장의 신규매입자로서 이들의 자산에 대한 수요가 시장에 미치는 영향은 무시할 수 없다.

그런데 2020년에 30대 인구수 및 가구 수가 2010년에 비해 각각 −16.4%, −18.8%나 감소하기 때문에 자산시장의 신규수요자인 30대의 인구 및 가구 수 감소는 자산시장에 커다란 영향을 미칠 것으로 예상된다. 특히 많은 경우 30대에 생애최초 주택구입을 하는 것으로 알려져 있어 30대의 인구 및 가구 수 감소는 주택시장에서의 신규진입자 감소로 인해 주택을 중심으로 하는 자산시장에 부정적인 영향을 미칠 것으로 예상된다. 이러한 30대 인구수 및 가구 수의 변화율이 2030년에는 감소폭이 둔화되지만 각각 −5.2%, −7.3%로 감소현상은 지속되어 자산시장에서의 신규수요자의 감소는 계속될 것으로 예상된다.

끝으로 20대의 인구구조를 살펴보면, 1990년부터 본격화된 저출산의 영향으로 2020년에 20대를 형성하는 인구수와 가구 수가 2010년에 비해 각각 −17.2%, −10.6%씩 감소하고, 다시 2030년에 가면 인구수와 가구 수가 2020년에 비해 각각 −20.0%, −31.0%나 감소하여 심각하게 인구수와 가구 수가 감소함을 알 수 있다. 그러나 20대에 가구를 형성하고 자산축적에 나선 가구의 수가 많지 않기 때문에 이러한 인구구조의 급변에도 불구하고 20대가 자산시장에 미치는 영향은 크지 않을 것이다. 그러나 시간이 흐르면서 이들이 본격적인 자산형성기인 30~40대에 접어드는 2040~2050년이 되면 자산수요의 급격한 감소로 우리나라 자산시장이 심각한 문제에 봉착하게 될 것을 쉽게 예상할 수 있다.

07

자산가격의 변동 및 소득수준이 자산시장에 미치는 영향

앞에서 연령별 자산보유현황에 인구구조의 변동추이를 대입하여 연령대별 자산수요를 예측하는 방법은 연령별 자산분포가 시간적으로 안정적일 것이란 가정뿐 아니라 비슷한 연령대의 세대가 겪어 온 경제적 사건에 영향을 받아 보유하게 된 자산, 즉 출생연도집단(cohort)효과를 파악하지 못하고 있다. 특히 출생연도집단효과 중에서도 우리나라의 경우는 주택을 중심으로 한 부동산 가격의 변동이 연령대별 자산보유액과 구성비율에 영향을 미쳤을 가능성이 높다. 한편, 자산가격의 변동은 소득수준과 연관되어 자산 구매력에 영향을 주고 궁극적으로 자산수요에 영향을 미치게 될 것이다.

따라서 본 연구에서는 먼저 우리나라 가구의 자산보유액 중 가장 큰 영향을 차지하는 주택가격의 변동추이와 가계소득을 연결시킴으로써 자산가격의 변동이 자산의 연령별 자산보유액과 구성비율에 미친 영향을 검토해 보고자 한다.[35] 이러한 분석을 위해 [표 3−8]과 [그림 3−4]에서 주택유형별 매매 가격지수의 추이를 살펴보면, 우리나라의 주택매매 가격은 2000년대에 들어서 크게 상승한 반면에 1990년대에는 10년간 상승률이 전국 종합 연평균 0.33%, 그나마 가장 많이 오른 서울 아파트가 연평균 2.55%에 머물고 있다. 바로 이 시기에 우리나라 베이비붐 세대는 30대를 거치면서 결혼하여 가족을 형성하고 주택을 구입하면서 본격적인 자산 형성을 시작하였다. 이 기간 도시 2인 이상 근로자 가구의 월평균 소득 증가율은 연평균 10.27%에 달해 비교적 어렵지 않게 자기 집을 마련할 수 있었음을 짐작할 수 있다.

그 결과 통계청의 「2000년 소비실태조사」에 따르면 당시 베이비붐 세대였던 35∼39세와 40∼44세의 주택소유가구비율이 각각 55%, 64%였고, 50∼60대는 주택소유가구비율이 70∼80%에 달하고 있다. 이렇게 보유한 주택의 가격이 2000년대에 들어 급등하면서 이들 세대의 부동산 보유액이 크게 증가하고 총자산 중 차지하는 비율도 상승하였다. 즉, 2000년부터 앞의 [표 3−2]의 자

---

35) 주택가격뿐 아니라 토지가격의 변동도 함께 고려하면 좋으나, 토지가격 공식통계가 2007년 자료부터 보고되고 있기 때문에 본 연구에서는 사용하지 못하고 있다.

산보유현황 조사 시점인 2006년 6월까지 6년 반 동안 전국 종합 주택가격은 66.3% 상승하였고, 서울 및 수도권 아파트의 경우는 각각 108.5%, 95.5%씩 상승하였다. 따라서 2006년 조사한 자산보유현황에서 우리나라 40대 이상 가구의 자산 중 주택을 비롯한 부동산의 비중이 유난히 높은 것은 이러한 부동산 가격의 변동이 일조한 것으로 보인다.

[표 3-8] 유형별 주택매매 가격지수 추이

(2008년 12월 가격=100)

지 역	주택 유형	1990년 1월	2000년 1월	2006년 6월	2010년 1월
서 울	종합	45.86	47.76	80.90	102.76
	아파트	30.65	39.42	82.19	102.67
	단독주택	64.57	58.03	81.49	103.17
	연립주택	61.01	59.69	77.13	102.66
수도권	종합	–	48.46	79.70	101.27
	아파트	–	41.39	80.91	100.72
	단독주택	–	63.33	84.15	102.12
	연립주택	–	56.63	72.36	101.87
전 국	종합	59.14	61.09	87.52	101.60
	아파트	41.92	51.43	88.18	101.73
	단독주택	93.11	84.10	92.35	100.99
	연립주택	65.28	64.03	77.69	101.92

주: 수도권 지역을 구분하여 주택가격을 조사하기 시작한 것은 1999년 1월부터임
자료: 국민은행, 「전국주택가격 동향조사」

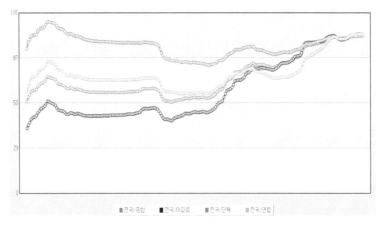

주: 2008년 12월 가격을 100으로 하여 1990년 1월부터 2010년 1월까지의 월별 가격을
　　표시하고 있음
자료: 국민은행, 「전국주택가격 동향조사」

[그림 3-4] 전국 주택유형별 매매가격지수 변동추이

　그러나 부동산 가격의 급등은 부동산을 주로 보유한 세대가
노령화되면서 노후자금으로 충당하기 위해 부동산의 일부를 유
동화하려고 할 때 다음 세대가 이를 매입할 수 있는 구매력을 저
하시키는 문제에 봉착할 수 있다. 즉, 급등한 부동산을 베이비붐
세대가 처분하려고 할 때 다음 세대가 이를 구매할 수 있는 재무
적 능력을 보유하고 있는지가 의문이다. 이러한 문제를 파악하기
위해 본 연구에서는 연령별 가구당 월평균 가계수지와 주택담보
대출의 매월 원리금 상환액 자료를 이용한다. 주택가격은 지역
별, 주택유형별, 규모별로 큰 차이를 보이기 때문에 본 연구에서
는 결혼해서 가구를 형성하고 집 장만에 관심을 갖는 일반적 연

령대인 30대를 기준으로 이들이 보편적으로 원하는 주택유형인 아파트를 예로 들어 주택 구매력을 알아보고자 한다.[36]

[표 3-9]는 고정금리로 원리금 균등상환 조건의 주택담보대출을 받을 경우 매월 상환해야 하는 원리금을 보여 주고 있다. 우리나라의 일반적인 주택담보대출 형태인 15년 만기 원리금 균등상환 조건에 이자율을 연 6%로 가정할 경우 1억 원 대출에 대한 원리금 상환액은 월 843,857원이고, 2억 원이면 월 1,687,714원, 5억 원이면 월 4,219,284원, 그리고 10억 원이면 매월 8,438,568원이 된다. 만일 서울 근교에 평당 1,000만 원 하는 30평 아파트를 전액 대출로 장만한다고 가정하면, 대출금 3억 원에 6%의 이자까지 매월 2,531,570원씩 15년을 갚아야 한다.

[표 3-9] 고정금리 대출 시 매월 원리금 균등상환액

(단위: 원)

만 기	고정금리	대출금액			
		1억 원	2억 원	5억 원	10억 원
30년	4%	477,415	954,831	2,387,076	4,774,153
	6%	599,551	1,199,101	2,997,753	5,995,505
	8%	733,765	1,467,529	3,668,823	7,337,646
15년	4%	739,688	1,479,376	3,698,440	7,396,879
	6%	843,857	1,687,714	4,219,284	8,438,568
	8%	955,652	1,911,304	4,778,260	9,556,521

---

36) 미국의 Census Bureau 자료에 의하면, 미국의 경우는 생애 처음으로 주택을 구입하는 시기가 30세 전후로 알려져 있다. 그러나 우리나라의 경우는 남성의 병역문제와 초혼연령의 상승으로 주택 구입에 관심을 갖는 시기가 미국보다는 다소 늦춰지리라는 것을 짐작할 수 있다.

만기	고정금리	대출금액			
		1억 원	2억 원	5억 원	10억 원
50년	4%	1,841,652	3,683,304	9,208,261	18,416,522
	6%	1,933,280	3,866,560	9,666,401	19,332,802
	8%	2,027,639	4,055,279	10,138,197	20,276,394

이러한 원리금 상환 부담을 [표 3-10]에 나타난 30대 2인 이상 가구의 월평균 가계소득 3,648,000원과 소득과 지출의 차이인 793,009원과 비교하면 우리나라에서 주택을 장만하는 것이 얼마나 어려운지를 가늠할 수 있다. 이러한 상황은 40대에게도 크게 다르지 않아서 소득은 30대에 비해 증가하나 지출이 더욱 큰 폭으로 늘어서 오히려 소득과 지출의 차이는 감소하고 있다. 50대에는 소득과 지출의 차이가 월평균 887,662원으로 증가하나, 60대 이상이 되면 321,777원으로 급감하게 된다.

[표 3-10] 가구주 연령별 가구당 월평균 가계수지(2008년 4분기)

(단위: 원)

항 목	평 균	29세 이하	30~39세	40~49세	50~59세	60세 이상
소 득	3,460,542	2,769,713	3,648,000	3,790,694	3,853,321	2,222,792
지 출	2,754,165	2,010,609	2,854,991	3,071,767	2,965,659	1,901,015
차이(소득-지출)	706,377	759,104	793,009	718,927	887,662	321,777

주: 이 자료는 2인 이상 가구를 대상으로 한 것임
자료: 통계청, 「2008년 가계동향조사」

이를 소득 대비 주택가격비율을 나타내는 PIR(Price to Income Ratio)로 보면, 우리나라의 경우 2008년 기준으로 평균 6.26배로서 미국의 3.55배나 일본의 3.72배에 비해 매우 높다. 특히 주택가격이 비싼 서울의 경우는 PIR이 9.7배로서 뉴욕 9.3배나 도쿄 9.1배보다도 높은 수준이다.[37] 이러한 결과는 우리나라의 경우 주택구입이 가계에 얼마나 큰 부담이 되고 있는지를 보여 주고 있다.

이를 반영하여 [표 3-11]에 보면, 우리나라 가구주의 최초 주택마련 소요기간은 2008년 전체 평균 8.31년이며 소득이 낮을수록 기간은 길어지고 있다. 이는 조사가 시작된 2006년의 전체 평균 8.07년에 비해 2년 만에 0.14년 증가한 것으로 2년간 주택가격 상승과 주택에 대한 인식 변화를 반영한 결과로 추측된다. 특히 집값 상승이 두드러졌던 서울의 경우는 평균 소요기간이 9.7년으로 2년 전에 비해 1.06년 증가하였다.

[표 3-11] 가구주가 된 이후 최초 주택마련 소요기간

(단위: %, 년)

구 분		3년 미만	3~5년 미만	5~10년 미만	10~15년 미만	15~20년 미만	20년 이상	모름/무 응답	평균 소요시간
전국	전체 '06	31.77	9.74	20.62	17.33	6.89	12.52	1.12	8.07
	전체 '08	33.69	9.79	20.54	15.31	7.64	11.90	1.14	8.31
	저소득층 '06	32.10	5.40	14.23	17.03	8.20	21.75	1.29	10.26
	저소득층 '08	39.57	5.33	11.81	13.93	8.26	19.59	1.51	9.95
	중소득층 '06	30.62	10.91	23.32	18.80	6.98	8.45	0.92	7.30
	중소득층 '08	31.70	11.32	24.06	15.79	7.76	8.64	0.73	7.61
	고소득층 '06	33.05	14.08	26.30	15.81	4.68	5.17	0.89	6.09
	고소득층 '08	28.41	13.94	28.04	16.66	6.46	5.56	0.94	6.92

자료: 국토해양부, 2008년도 주거실태조사

37) 상세한 내용은 산은경제연구소가 2010년 발간한 「국내주택가격 적정성 분석」 참조 바람.

문제는 총자산 중 주택을 중심으로 부동산 비중이 유난히 높은 우리나라의 장·노년층이 노후자금으로 충당하기 위해 보유한 부동산의 일부를 유동화하려고 할 때 다음 세대가 이를 매입할 수 있는 충분한 구매력이 없다는 데 있다. 특히 인구수가 많고 총자산 중 주택보유액의 비중이 높은 베이비붐 세대의 은퇴를 앞두고 노후자금 마련을 위해 현재 보유하고 있는 주택을 처분하여 규모가 작고 집값이 저렴한 지역으로 이전하거나 주택소유를 포기하고 전·월세로 전환하려고 할 때, 시장에 매물로 나온 부동산을 다음 세대가 구입할 의사가 있고 충분한 구매력이 있는지에 대해서는 회의적인 시각이 지배적이다.

08

결혼 및 가구형태의 변화가
자산시장에 미치는 영향

일반적으로 주택을 소유하려는 욕구는 결혼해서 가구를 형성하고 자녀를 낳아 키우면서 강해지게 된다. 따라서 결혼은 주택에 대한 수요에 적지 않은 영향을 미치게 된다. 그러나 [표 3-12]에서 보는 바와 같이, 우리나라는 지난 10년간 혼인건수가 감소했고 평균 초혼연령이 남녀 모두 상승하였다. 문제는 이러한 추세가 젊은 세대의 결혼관 및 가족가치관의 변화, 취업난 및 직업 불안전성 등으로 인해 앞으로 더욱 심화될 가능성이 크다는 것이다. 이러한 결혼기피 현상은 미혼 가구주 및 1인 가구의 증가로 이어져 총자산 중 주택 등 부동산의 보유비중이 낮아지게 되고, 결혼을 하더라도 초혼연령이 높아짐에 따라 본격적인 자산

형성기로 알려진 30대의 자산수요에 영향을 미치며, 특히 주택
등 부동산 자산을 형성하는 시점이 늦춰지게 된다.

[표 3-12] 혼인통계 추이

(단위: 건, 세)

항 목		1999	2000	2005	2006	2007	2008	2009
혼인건수(천 건)		360.4	332.1	314.3	330.6	343.6	327.7	309.8
조혼인율		7.6	7.0	6.5	6.8	7.0	6.6	6.2
초혼 연령	남 자	29.1	29.3	30.9	31.0	31.1	31.4	31.6
	여 자	26.3	26.5	27.7	27.8	28.1	28.3	28.7

주: 조혼인율=인구 1천 명당 혼인건수
자료: 통계청. 「2009년 인구동향조사」

한편, 소가족화의 지속, 출산율 하락, 이혼 및 생애독신 증가,
기대수명 연장으로 인한 독거노인 증가 등으로 가구구성의 변화
가 예상되어 이 또한 향후 자산수요에 영향을 미칠 것이다. [표
3-13]은 2005년부터 2030년까지 우리나라 가구구성의 변화 추
계를 보여 주고 있다. 여기에 특징적인 사실은 소가족화의 지속
과 1인 가구의 증가로 인구 증가율의 둔화에도 불구하고 총 가구
수가 계속 증가하여 평균 가구원 수가 2010년 2.7명에서 2030년
에는 2.4명으로 감소할 것으로 예상된다. 특히 동일 세대로 가구
가 구성되는 1세대 가구가 2010년 약 292만 가구에서 2030년에
약 440만 가구로 증가하여 전체 가구의 22.2%가 되고, 1인 가구
도 2010년 약 347만 가구에서 2030년에는 약 471만 가구로 증가

하여 전체 가구의 23.7%에 달하게 된다. 이러한 1세대 가구의 증가는 지속되는 소가족화와 무자녀 가구의 증가가 주된 원인이고, 1인 가구의 증가는 미혼가구의 증가와 이혼자 및 독거노인의 증가에 영향을 받고 있는 것으로 보인다.

[표 3-13] 가구통계 추이

(단위: 천 가구)

항 목	2005	2010	2020	2030
가구 수	15,971	17,152	19,012	19,871
평균 가구원 수 (명)	2.9	2.7	2.5	2.4
1세대 가구(비율 %)	2,586(16.2)	2,921(17.0)	3,680(19.4)	4,401(22.2)
2세대 가구(비율 %)	8,858(55.5)	9,399(54.8)	9,839(51.8)	9,400(47.3)
3세대 이상(비율 %)	1,112(7.0)	1,161(6.8)	1,226(6.5)	1,204(6.1)
1인 가구(비율 %)	3,187(20.0)	3,473(20.3)	4,109(21.6)	4,713(23.7)
비친족 가구(비율 %)	228(1.4)	208(1.2)	193(1.0)	151(0.8)
미 혼(비율 %)	1,995(12.5)	2,258(13.2)	2,861(15.1)	3,263(16.4)
유배우자(비율 %)	11,268(70.6)	11,799(68.8)	12,493(65.7)	12,615(63.5)
사 별(비율 %)	1,817(11.4)	1,822(10.6)	1,849(9.7)	1,927(9.7)
이 혼(비율 %)	890(5.6)	1,273(7.4)	1,808(9.5)	2,066(10.4)

주: 1세대 가구는 부부, 부부＋기타 친인척 등 동일세대로 이루어진 가구이고, 2세대 가구는 부부＋자녀, 부부＋부모 등 2개의 세대로 이루어진 가구이며, 3세대 가구는 부부＋자녀＋양친 등 3개 이상의 세대로 구성된 가구임
자료: 통계청, 「2005-2030 장래가구추계」

이러한 가구 수와 가구구성의 변화는 당연히 자산수요 및 구성비율에도 영향을 미칠 것이다. 우선 가구 수의 증가로 주택에 대한 수요의 증가를 예상할 수 있으나, 일반적으로 1인 가구 또는 1세대 가구의 경우는 주택 구매력이 낮고 주택을 소유하려는

의지도 약해 사실상 주택에 대한 유효수요가 될 가능성이 크지 않다.38) 또한 주택을 구입하더라도 평균 가족 수의 감소로 주택의 규모가 작아져 가구당 총자산 중 주택 등 부동산이 차지하는 비중은 감소할 것으로 예상된다. 따라서 대형 주택에 대한 수요는 감소하는 반면에 소형 아파트, 원룸, 오피스텔 등에 대한 수요는 증가할 것으로 예상된다.39)

---

38) 이러한 가구 수의 증가를 근거로 일부에서는 인구감소에도 불구하고 우리나라 부동산의 장기 호황을 예상하는 의견이 있다. 그러나 1인 가구 또는 1세대 가구는 주택소유보다는 임대를 선호하는 경향이 있다. 이를 반영하는 자료로서 통계청의 「2000년 소비실태조사」에 따르면 50대의 경우 2인 이상 가구는 주택소유가구비율이 75%를 넘고 있는 반면에 1인 가구는 주택소유가구비율이 11%에 불과하고 있다.

39) 주택보급률과 함께 주택정책의 보조 자료로 많이 활용되는 인구 1000명당 주택 수를 보면, 2005년 기준으로 우리나라가 2005년 기준 281.8채로 미국(427), 일본(423), 영국(417), 독일(445) 등 선진국에 비해 많이 낮은 수준이다. 이러한 결과는 향후 우리나라에서 더 많은 주택공급이 필요하다는 근거가 되는 동시에 주택당 거주인원의 감소로 주택규모도 작아질 것이란 예상을 할 수 있다.

09

통계자료 분석결과 요약

이상은 주로 통계청 통계자료를 사용하여 향후 인구구조의 변화가 자산시장에 미칠 영향을 분석하였다. 그중에서도 「2006년 가계자산조사」를 기초로 가구주 연령별 자산보유 현황을 파악하고, 여기에 「2006년 장래인구추계」 및 「2005 - 2030 장래가계추계」에서 구한 장래인구구조의 변화를 반영하여 자산시장에 미칠 영향을 분석하고 있다. 그 밖에 주택 구매력을 측정하고 결혼 등 사회통계적 요인을 감안하여 추가적으로 자산시장에 미칠 영향을 분석하였다. 분석결과는 다음과 같이 요약될 수 있다.

첫째, 우리나라의 가장 특징적인 연령별 인구추이는 유소년층 및 청년층의 인구가 지속적으로 하락하는 반면에 노년층의 인구가 급속도로 상승하고 있다는 것이다. 특히 1955년부터 1964년 사이에 태어난 베이비붐 세대가 우리나라 인구구조의 변화의 핵심요인이 되고 있다. 베이비붐 세대의 탄생과 성장은 그 국가의 정치, 경제, 사회 등 모든 분야에 상당한 영향을 미치게 되는데, 우리나라에서는 베이비붐 세대의 본격적인 은퇴를 앞두고 부동산 등 자산시장에 미칠 영향에 대해서 많은 논란이 있다.

둘째, 우리나라 가구의 자산보유현황을 보면 가장 큰 특징으로 높은 부동산 보유비중을 들 수 있다. 순자산 대비 부동산 비율이 89.4%에 달해 약 50~70% 정도로 알려진 선진국에 비해 순자산 중 부동산이 차지하는 비중이 매우 높은 수준임을 알 수 있고, 부동산 중에서도 주택이 차지하는 비중이 2/3에 달하고 있다. 따라서 우리나라의 경우는 인구구조의 변화가 자산시장에 미치는 영향에 관한 분석이 부동산에 집중될 수밖에 없고, 그중에서도 주택시장에 미치는 영향이 가장 크다.

셋째, 우리나라 가구의 연령별 자산축적패턴은 30대부터 증가하기 시작하여 50대에 정점을 이루고 이후 서서히 감소하기 시작한다. 이러한 패턴은 미국이나 영국 등 선진국에서 총자산이 연령 증가와 함께 꾸준히 증가하다가 70세 이후에 가서 다소 감소하는 모습을 보이는 것과 비교되는 결과로서 우리나라의 경우에는 10년 정도 이른 연령부터 자산이 감소하는 경향이 있음을 알 수 있다. 상대적으로 비중이 높은 부동산 보유액을 주택과 주택 이외(토지, 상가 등)로 구분하여 살펴보면, 30대에 주택구입이 본격화되고 50대에 전체 자산 중 주택의 비중이 높았다가 이후에는 감소하는 경향을 보여 주고 있다. 반면에 주택 이외의 부동산, 즉 토지나 상가 등의 보유액은 50대까지 급속하게 증가하여 이후에도 비슷한 수준을 유지하고 있다. 이러한 통계적 결과는 자녀들이 출가하고 은퇴를 하는 60대가 되면 보유하고 있는 부동산 중에서 주로 주택보유액을 줄여 자녀의 결혼자금이나 자신의 노후자금으로 사용하고 있다는 우리나라의 사회적 통념을 뒷받침하고 있다. 따라서 향후 우리나라의 베이비붐 세대가 은퇴와 함께 노후자금 마련을 위해 전체 자산보유액 중 큰 부분을 차지하고 있는 주택을 처분하게 될 때 이것이 부동산시장에 미칠 영향이 적지 않을 것이다.

넷째, 연령별 자산보유현황과 미래의 연령별 인구추이 및 가구 수 변화 등을 연결하여 분석한 결과, 향후 우리나라 인구구조의 변화가 자산시장에 미칠 영향을 다음과 같이 연령대별로 추론할 수 있다.

1) 향후 인구수와 가구 수가 급속하게 증가할 60대 이상의 자산보유액 변화를 살펴보면, 평균 총 자산보유액은 50대에 비해 변화율로 −13.9%, 금액으로는 5,767만 원 감소하는 것으로 나타

나고 있다. 총자산 중 보유비중이 압도적으로 높은 부동산 중에서도 비중이 큰 주택은 −15.4% 감소하고 주택 이외 부동산은 −1% 이내의 미미한 감소를 보여 주고 있다. 한편, 우리나라는 베이비붐 세대가 노년층에 유입되기 시작하는 2020년이 되면 60세 이상의 인구수가 2010년에 비해 무려 55.3% 증가하고 가구 수도 46.7%나 증가하게 된다. 따라서 처분해야 할 자산액이 많은 60대 이상의 인구비중이 급증함에 따라 이들이 처분하는 물량이 주택을 중심으로 부동산시장에서 커다란 변수가 될 전망이다. 이러한 60대 이상의 인구 및 가구 수의 급증은 2020년 이후에도 지속되어 2030년까지 각각 38.8%, 37.8% 증가할 것으로 예상되기 때문에 우리나라에서는 60대 이상의 인구가 주택을 중심으로 부동산시장에서 지속적으로 커다란 영향을 미치게 될 것으로 보인다.

2) 자산축적이 정점에 이르는 50대의 자산보유액 변화를 살펴보면, 평균 총 자산보유액은 40대에 비해 6,983만 원 증가하여 23.1%의 증가율을 나타내고 있다. 그중에서도 총자산 중 약 80%를 차지하는 부동산이 31.5%나 증가하는데, 주택이 14.8% 증가하는 것에 비해 토지나 상가 등 주택 이외의 부동산이 60.6%의 큰 증가폭을 보이는 것이 특징이다. 한편, 많은 인구수를 가진 1960~1969년 사이에 출생한 세대가 50대를 채우는 2020년이 되면 50대를 구성하는 인구 및 가구 수가 2010년에 비해 20% 이상

증가한다. 따라서 2010년에서 2020년 사이에 40대가 50대로 전환되면서 부동산을 중심으로 자산수요의 커다란 증가가 예상된다. 그러나 2030년이 되면 인구수가 많았던 1955~1974년 출생자들이 60세 이상이 되고 출생자 수가 감소하기 시작한 1975년 이후에 태어난 세대들이 50대에 접어들면서 50대의 인구수와 가구수가 각각 −4.6%, −3.5% 감소한다. 따라서 2030년에 가면 50대에 의한 자산수요도 감소하기 시작할 것이다.

3) 40대는 평균 총 자산보유액이 30대에 비해 무려 1억 2,259만 원 증가하여 68.1%의 증가율을 나타내 본격적으로 자산축적이 이루어지는 세대이다. 그중 대부분은 금액으로 1억 1,000만 원, 증가율로 94.8%에 달하는 부동산에서 발생하고 있다. 따라서 40대는 부동산 매입을 통해 본격적으로 자산축적에 나서는 세대로서 부동산을 중심으로 하는 자산시장에서 주된 수요자로서 역할을 하고 있다. 그러나 2020년에 40대를 구성하는 인구수와 가구수가 2010년에 비해 각각 −5.1%, −4.8%씩 감소하기 때문에 이들이 30대에서 40대로 넘어오면서 부동산을 중심으로 자산수요의 증가폭은 다소 약화될 것으로 예상된다. 이러한 경향은 2030년에 가면 40대의 인구수와 가구 수가 각각 −16.2, −16.4%나 감소하기 때문에 좀 더 심화될 것으로 예상된다.

4) 본격적으로 가구를 구성하고 자산 형성을 시작하는 30대의

자산수요를 살펴보면, 금융자산, 부동산, 기타자산 등 모든 자산의 증가율이 20대에 비해 매우 큰 수준이나, 이는 워낙 20대의 자산보유액이 작기 때문에 나타난 기저효과이기에 큰 의미는 없다. 다만 30대는 일반적으로 자산 축적을 본격적으로 시작하는 시기이므로 사실상 자산시장의 신규매입자로서 이들의 자산에 대한 수요가 시장에 미치는 영향은 무시할 수 없다. 그런데 2020년에 30대 인구수 및 가구 수가 2010년에 비해 각각 −16.4%, −18.8%나 감소하기 때문에 자산시장의 신규수요자인 30대의 인구 및 가구 수 감소는 자산시장에 커다란 영향을 미칠 것으로 예상된다. 특히 많은 경우 30대에 생애최초 주택구입을 하는 것으로 알려져 있어 30대의 인구 및 가구 수 감소는 주택시장에서의 신규진입자 감소로 인해 주택을 중심으로 하는 자산시장에 부정적인 영향을 미칠 것으로 예상된다. 이러한 30대 인구수 및 가구 수의 변화율이 2030년에는 감소폭이 둔화되지만 각각 −5.2%, −7.3%로 감소현상은 지속되어 자산시장에서의 신규수요자의 감소는 계속될 것으로 예상된다.

5) 20대에 가구를 형성하고 자산축적에 나선 가구의 수가 많지 않기 때문에 이러한 인구구조의 급변에도 불구하고 20대가 자산시장에 미치는 영향은 크지 않을 것이다. 그러나 시간이 흐르면서 이들이 본격적인 자산형성기인 30~40대에 접어드는 2040~

2050년이 되면 자산수요의 급격한 감소로 우리나라 자산시장이 심각한 문제에 봉착하게 될 것을 쉽게 예상할 수 있다.

이상 연령대별로 살펴본 결과를 종합해 보면, 우선 주택을 중심으로 부동산보유액이 감소하는 60세 이상의 인구 및 가구 수의 급증 때문에 이들이 처분하려는 부동산이 향후 자산시장에 부담이 될 전망이다. 그러나 2020년까지는 자산축적이 정점에 이르는 50대의 인구 및 가구 수가 크게 증가하기 때문에 자산에 대한 수요도 함께 증가할 잠재력을 갖고 있다. 다만 이 시기에 자산시장의 신규매입자인 30대의 인구 및 가구 수가 크게 감소하는 점은 자산시장에 부정적인 요인이 될 전망이다. 한편 2030년으로 되면 60대 이상의 인구 및 가구 수는 계속 급증하는 반면에 50대의 인구 및 가구 수가 서서히 감소하기 시작하고 40대의 인구 및 가구 수는 크게 감소하게 된다. 따라서 2030년이 되면 자산시장에 지대한 영향을 미치는 것으로 알려진 40~50대 소위 '쌍봉세대'의 비중이 크게 감소함에 따라 부동산을 중심으로 한 자산시장이 크게 위축될 것으로 보인다. 2030년 이후에도 60세 이상을 제외한 모든 세대에서 인구 및 가구 수가 지속적으로 감소하기 때문에 자산수요의 감소로 인한 우리나라 자산시장의 위축은 더욱 심각한 상황이 될 것으로 전망된다.

다섯째, 주택가격의 변동추이와 가계소득을 연결시킴으로써 주택 구매력을 분석한 결과에서는 2000년 이후 아파트를 중심으로 한 주택가격의 상승으로 우리나라에서 주택을 장만하는 것이 매우 어려운 상황임을 알 수 있다. 소득 대비 주택가격비율을 나타내는 PIR이 우리나라의 경우 2008년 기준으로 평균 6.26배로서 미국의 3.55배나 일본의 3.72배에 비해 매우 높다. 이를 반영하여 우리나라 가구주의 최초 주택마련 소요기간은 2008년 전체 평균이 8.31년이고, 집값 상승이 두드러졌던 서울의 경우는 평균 소요기간이 9.7년이다. 문제는 이 기간이 점차 길어지는 추세라는 점이다. 따라서 총자산 중 부동산 비중이 유난히 높은 우리나라의 장·노년층이 노후자금으로 충당하기 위해 보유한 부동산의 일부를 유동화하려고 할 때 다음 세대가 이를 매입할 수 있는 충분한 구매력이 없느냐에 대해서는 회의적이다.

여섯째, 결혼은 주택에 대한 수요에 적지 않은 영향을 미치게 된다. 그러나 우리나라는 지난 10년간 혼인건수가 감소했고 평균 초혼연령이 남녀 모두 상승하였다. 이러한 결혼기피 현상은 미혼 가구주 및 1인 가구의 증가로 이어져 총자산 중 주택 등 부동산의 보유비중이 낮아지게 되고, 결혼을 하더라도 초혼연령이 높아짐에 따라 본격적인 자산형성기로 알려진 30대의 자산수요에 영향을 미치며, 특히 주택 등 부동산 자산을 형성하는 시점이 늦춰지게 된다. 또한, 소가족화의 지속, 출산율 하락, 이혼 및 생애독신 증가, 기대수명 연장으로 인한 독거노인 증가 등으로 1세대 가구 및 1인 가구가 증가할 것으로 예상된다. 이러한 가구 수의 증가로 인해 주택에 대한 수요 증가를 예상할 수도 있으나, 일반적으로 1인 가구 또는 1세대 가구의 경우는 주택 구매력이 낮고 주택을 소유하려는 의지도 약해 사실상 주택에 대한 유효수요가 될 가능성이 크지 않다. 또한 주택을 구입하더라도 평균 가족 수의 감소로 주택의 규모가 작아져 가구당 총자산 중 주택 등 부동산이 차지하는 비중은 감소할 것으로 예상된다.

결론적으로 이상 통계자료를 사용하여 향후 인구구조의 변화가 자산시장에 미칠 영향을 분석한 결과를 종합해 보면, 우리나라의 인구구조의 변화가 주택을 중심으로 부동산 시장에 커다란 위협이 되고 있음을 알 수 있다. 특히 우리나라의 베이비붐 세대가 은퇴와 함께 노후자금 마련을 위해 전체 자산보유액 중 큰 부분을 차지하고 있는 주택을 처분하게 될 때 이것이 부동산시장에 미칠 영향이 적지 않을 것으로 보인다. 다만 2020년까지는 자산축적이 정점에 이르는 50대의 인구 및 가구 수가 크게 증가하기 때문에 부정적인 영향이 어느 정도 상쇄될 수 있을 것으로 보인다. 그러나 2020년 이후에는 자산시장의 '쌍봉세대'로 알려진 40~50대의 인구 및 가구 수가 감소함에 따라 부동산을 중심으로 한 자산시장이 크게 위축될 것으로 보인다. 그리고 2030년 이후에는 60세 이상을 제외한 모든 세대에서 인구 및 가구 수가 지속적으로 감소하기 때문에 자산수요의 감소로 인한 우리나라 자산시장의 위축은 더욱 심각한 상황이 될 것으로 전망된다. 또한 주택가격 상승으로 인한 주택 구매력의 저하와 결혼기피 등 사회적 요인도 주택에 대한 잠재적 수요를 떨어뜨리는 또 다른 요소가 되고 있다.

PART

IV

인구구조의 변화가 자산시장에 미칠 영향: 설문조사 분석

설문조사방법 및 응답자 구성

앞에서 우리는 통계자료를 활용하여 향후 인구구조의 변화가 자산시장에 미칠 영향에 대해 살펴보았다. 그러나 통계자료만을 가지고 자산수요를 예측하는 분석은 연령별 자산분포가 시간적으로 안정적일 것이란 가정에 기초를 두고 있다. 즉, 사회환경의 변화와 이에 따른 세대 간 의식 및 행동양식의 차이로 인해 연령별 자산보유액이 시간의 흐름에 따라 달라질 수 있다는 점을 간과하고 있는 것이다. 이를 보완하기 위하여 본 연구에서는 설문조사 분석을 병행하였다.

구체적으로 은퇴를 앞두고 향후 우리나라 자산시장에서 '태풍의 눈'으로 자리 잡을 베이비붐 세대(1955~1964년 출생)가 노후대책을 위해 보유하고 있는 자산포트폴리오를 어떻게 재편성할 계획인지를 알아보고, 조만간 사회에 진출하고 가구를 형성하여 자산시장의 신규수요자가 될 자녀 세대(1981~1990년 출생)를 대상으로 주택 등 자산포트폴리오에 대한 이들의 계획을 파악하고자 한다. 평균 25세 정도의 연령 차이를 두고 향후 우리나라 자산시장에서 보유자산 처분에 나설 베이비붐 세대와 신규로 자산형성에 나설 자녀 세대 간에 자산포트폴리오와 관련된 의식 및 행동양식의 차이가 있다면 이는 향후 우리나라 자산시장에 커다란 영향을 미칠 것이다.

따라서 본 연구에서 베이비붐 세대에 대한 설문조사는 1955년에서 1964년 사이에 출생하여 조사 당시 서울 및 수도권에 거주하면서 대학생 자녀를 두고 부동산을 보유하고 있는 가구주를 대상으로 하였다.[40] 대학생 자녀들을 통해 전달한 총 250개의 설문지 중 165개가 회수되었고 이 중 보유하고 있는 부동산이 없거나 불성실하게 응답한 설문지를 제외하고 최종 143개를 분석에 사용하였다. 한편, 자녀 세대에 대한 설문조사는 1981년에서 1990년 사이에 출생하고 서울 및 수도권 소재 대학에 다니는 대

---

40) 이러한 조사 대상은 평균적으로 우리나라 베이비붐 세대의 평균 수준에 비해 자산보유액이 클 것이기 때문에 본 연구의 결과가 우리나라 전체 베이비붐 세대를 대표하지 못하는 한계점은 있겠지만, 본 연구의 주된 목적이 베이비붐 세대가 노후자금으로 어느 정도의 부동산을 언제쯤 처분할 계획인지를 파악하는 것이므로 원하면 처분할 수 있는 자산이 어느 정도 있는 가구들을 조사대상으로 하고자 하였다.

학생 또는 대학원생을 대상으로 집단면접 조사방식을 통해 180개의 설문지를 작성하게 하였고 이 중에서 응답이 불충분하거나 불성실하여 의미가 없다고 판단되는 설문지를 제외하고 최종 161개를 분석에 사용하였다.[41]

설문 응답자의 구성은 [표 4-1]에서 보여 주고 있다. 베이비붐 세대 응답자의 연령 분포는 1959~60년생이 43명으로 가장 많으나 나머지 연령대도 비교적 골고루 분포되어 있는 편이다. 이들 중 2명의 자녀를 둔 응답자가 100명으로 전체의 70%를 차지하고 있다. 거주 지역은 서울이 72명인데, 이 중 강남구, 서초구, 송파구, 양천구에 거주하는 응답자가 20명이고 다른 서울 지역에 거주하는 응답자가 52명이다. 수도권 거주자는 71명이고, 이 가운데 성남시, 용인시, 고양시, 안양시, 과천시에 거주하는 응답자가 42명이고 다른 수도권 지역에 거주하는 응답자가 29명이다.[42] 한편, 자녀 세대 응답자 161명 중 남자가 90명으로 여자 71명보다 다소 많은 수를 차지하고 있고, 출생연도는 1985~86년생이 63명으로 높은 비중을 차지하고 있다. 고등학교를 기준으로

---

41) 여기에서 말하는 자녀 세대는 베이비붐 세대의 실제 자녀를 지칭하는 것이 아니라 연령 차이를 감안 할 때 자녀 세대에 해당한다는 의미이다. 따라서 본 연구에서 실제 부모와 자식이 함께 조사대상이 된 경우는 없다.

42) 본 연구의 주요 관심사가 주택에 관한 내용이므로 베이비붐 세대의 거주 지역을 일반적으로 주택가격이 높은 지역과 아닌 지역으로 구분하여 차이가 있는지를 분석하고 있다. 이를 위해 서울은 강남구, 서초구, 송파구, 양천구를 서울 1지역으로 하고 그 밖의 서울 지역을 서울 2지역으로 구분한다. 수도권 지역도 성남시, 용인시, 고양시, 안양시, 과천시를 수도권 1지역으로 하고 그 밖의 수도권 지역을 수도권 2지역으로 구분한다.

파악한 출신 지역은 서울이 74명으로 가장 많고, 지방 47명, 수도권 40명으로 나타나고 있다.

[표 4-1] 설문응답자 구성

베이비붐 세대(143명)			자녀 세대(161명)		
	1955~56년	29명	성별	남	90명
	1957~58년	34명		여	71명
출생연도	1959~60년	43명		1981~82년	10명
	1961~62년	23명		1983~84년	20명
	1963~64년	14명		1985~86년	63명
	1명	12명	출생연도		
자녀 수	2명	100명		1987~88년	47명
	3명	27명			
	4명이상	4명		1989~90년	21명
	서울 1지역	20명		서울	74명
거주 지역	서울 2지역	52명	출신지역	수도권	40명
	수도권 1지역	42명	(고등학교 기준)		
	수도권 2지역	29명		지방	47명

주) 서울 1지역: 강남구, 서초구, 송파구, 양천구
　　서울 2지역: 그 밖의 서울 지역
　　수도권 1지역: 성남시, 용인시, 고양시, 안양시, 과천시
　　수도권 2지역: 그 밖의 수도권 지역

02 서울 및 수도권 집값에 대한 의식

앞서 통계결과 분석에서 살펴본 바와 같이 우리나라 40~50대의 순자산 중 부동산이 차지하는 비중이 90%를 넘고 이 중 많은 부분을 주택이 차지하고 있으며 노년이 되면 주택이 주된 처분대상이 된다는 점에서 자산시장의 가장 중요한 관심 대상은 단연 주택이다. 특히 우리나라는 2000년대 들어 서울 및 수도권의 아파트를 중심으로 집값이 급등하여 베이비붐 세대의 자산 형성에 크게 기여하였고 바로 이것이 앞으로 베이비붐 세대의 주요 노후대책 수단이 될 가능성이 높기 때문에 서울 및 수도권의 집값 수준에 대한 베이비붐 세대와 자녀 세대의 인식을 알아보았다.

먼저 "현재 서울 및 수도권 집값 수준에 대해 어떻게 생각하는

가?"라는 질문에 대하여 [표 4-2]에 나타난 바와 같이 베이비붐 세대 및 자녀 세대 대부분이 '너무 비싸다' 또는 '비싸다'라고 답하고 있어 서울 및 수도권 집값의 현재 수준이 높다는 데 인식을 같이하고 있는 것으로 나타났다. 그러나 베이비붐 세대와 자녀 세대 간에 정도의 차이가 뚜렷하게 나타나고 있다. 즉, '너무 비싸다'라고 답한 베이비붐 세대는 28.7%인 반면에 자녀 세대는 무려 62.1%에 달하고 있고, '적정하다'는 답이 베이비붐 세대에서는 14.7%이나 자녀 세대에는 1.9%에 불과하다. 따라서 향후 주택시장에서 매도세력이 될 베이비붐 세대에 비해 매입세력이 될 자녀 세대가 현재의 서울 및 수도권 집값 수준에 대해 훨씬 비싸다고 느끼고 있음을 알 수 있다.

[표 4-2] 현재 서울 및 수도권 집값 수준에 대해 어떻게 생각하는가?

빈도수 (비율)	너무 비싸다	비싸다	적정하다	아직 싸다	계
베이비붐 세대	41명(28.7%)	80명(55.9%)	21명(14.7%)	1명(0.7%)	143명
자녀 세대	100명(62.1%)	58명(36.0%)	3명(1.9%)	0명(0%)	161명
계	141명(46.4%)	138명(45.4%)	24명(7.9%)	1명(0.3%)	304명

이러한 경향은 "비싸다고 생각하는 경우 현재에서 얼마만큼 하락해야 적정수준인가?"란 질문에 대한 답에서도 나타나고 있다. [표 4-3]에서 보여 주고 있는 바와 같이, 베이비붐 세대는 적

정가격을 현재 수준에서 평균 27.9% 하락으로 답한 반면에 자녀 세대는 이보다 큰 32.2%라고 보고 있다. 두 평균 간의 차이는 통계적으로 유의한 수준이다.

[표 4-3] 비싸다고 생각하는 경우 현재에서 얼마만큼 하락해야 적정수준인가?

(단위: 하락 %)

항 목	응답자 수	평균	중간값	표준편차
베이비붐 세대	121명	27.9	30	12.7
자녀 세대	158명	32.2	30	13.3
평균차이 t값	-2.727 (0.007)			

이처럼 서울 및 수도권 집값에 대해 베이비붐 세대와 자녀 세대 사이에 인식의 차이가 크다는 것은 앞으로 노후자금을 조달하기 위해 주택을 처분하려고 하는 베이비붐 세대와 신규로 주택시장에 진입하는 자녀 세대 간에 갈등을 초래하고 주택매매와 거래가격에 커다란 영향을 미칠 것을 암시한다. 부동산 가격 상승을 통해 자산을 축적한 우리나라의 베이비붐 세대는 향후 주택시장의 잠재 매도자로서 당연히 이미 상승한 가격 또는 그 이상의 가격에 부동산을 처분하기를 기대할 것이다. 그러나 향후 부동산 시장의 잠재 매입자인 자녀 세대는 현재의 부동산 가격이 지나치게 비싸다고 느끼고 있고 실제로 이를 구입할 수 있는 경제적 능력이 없으며 베이비붐 세대에 비해 인구수 자체가 적다는 점을 감안한다면, 결국 인구구조의 변화와 인식의 차이로

인한 부동산 시장의 장기적인 침체는 불가피해 보인다. 더욱이 향후 부동산 가격이 상승할 것이란 기대가 부동산에 대한 수요를 창출한다는 점에서 인구구조의 변화로 부동산 침체가 예견되는 상황에서 부동산에 대한 수요는 더욱 낮아질 전망이다.

03

베이비붐 세대의 노후준비와 부동산

실제로 베이비붐 세대가 노후대책으로 현재 보유하고 있는 부동산에 얼마만큼 의존하고 있는지 알아보기 위해 베이비붐 세대에게 "보유한 부동산 중 노후대책을 위한 자금으로 몇% 정도를 처분하여 노후대책을 위한 자금으로 사용할 계획인지?"란 질문을 하였다. 즉, 베이비붐 세대가 보유 중인 부동산 중 어느 정도가 유동화될 가능성이 있는지를 알아보고자 하였다. [표 4-4]에서 보여 주고 있는 바와 같이, 응답자 중 4%만이 노후자금 조달을 위해 보유한 부동산을 처분할 계획이 없다고 답했고 나머지는 모두 보유한 부동산의 일부를 노후대책에 사용할 계획이 있는 것으로 나타났다.

[표 4-4] 보유한 부동산 중 몇 % 정도를 처분하여 노후대책을 위한 자금으로
사용할 계획인지?

(단위: 처분비율 %)

항 목	평균	중간값	표준편차
전체응답자	43.3	50	19.9
서울 1지역	40.8	40	14.7
서울 2지역	41.8	50	20.7
수도권 1지역	48.6	50	21.4
수도권 2지역	35.2	30	18.6

주) 서울 1지역: 강남구, 서초구, 송파구, 양천구
　　서울 2지역: 그 밖의 서울 지역
　　수도권 1지역: 성남시, 용인시, 고양시, 안양시, 과천시
　　수도권 2지역: 그 밖의 수도권 지역

보유한 부동산 중 처분할 부동산의 비중은 평균 43.3%로 나타났고, 그 크기는 수도권 거주자가 서울 거주자에 비해 다소 높았다. 특히 표준편차가 20%에 달해 응답자 간 차이가 매우 크게 나타나고 있고, 중간값은 50%로서 응답자의 반 이상이 노후대책으로 현재 보유 중인 부동산의 50% 이상을 처분하여 사용할 계획인 것으로 나타났다. 한편, 서울 내에서는 집값이 상대적으로 비싼 지역과 그렇지 않은 지역 간에 차이가 거의 없으나, 수도권 내에서는 비싼 지역 거주자가 훨씬 더 많은 부동산을 처분할 계획으로 나타나 대조를 이루고 있다.

이러한 결과는 앞서 통계자료 분석에서 가구당 부동산 보유액이 50대에 비해 60대 이후에 평균 −8.9% 감소하고 이 중 주택보유액은 −15.4% 감소하는 것에 비하면 베이비붐 세대가 처분할

예정인 부동산이 훨씬 크다는 것을 알 수 있다. 두 자료로부터 나온 결과 중 어느 것이 맞는지 단정적으로 말할 수는 없겠지만, 연령별 자산분포가 시간적으로 안정적일 것이란 가정과 출생연도집단(cohort)효과를 파악하지 못하고 있는 통계자료 분석보다는 직접 베이비붐 세대를 상대로 그들의 계획을 질문한 설문조사 결과가 더욱 신빙성이 높을 것이다. 따라서 향후 베이비붐 세대의 은퇴와 노령화가 진행되면 통계자료로부터 예상하는 결과보다 훨씬 더 심각하게 부동산시장에서 베이비붐 세대가 처분하려는 부동산 매물이 큰 부담이 되리라는 것을 예견할 수 있다.

그렇다면 우리나라의 베이비붐 세대는 언제쯤 어떤 부동산을 처분할 계획인지를 알아보기 위해 본 연구에서는 베이비붐 세대에게 "노후자금 마련을 위해 처분 또는 축소할 주요 부동산의 유형이 무엇인지?"와 "노후자금 마련을 위해 부동산을 처분할 시점이 언제인지?"를 질문하였다. 먼저 노후자금 마련을 위해 처분 또는 축소할 주요 부동산의 유형에 관한 질문에서는 [표 4-5]에서 보는 바와 같이, 71.5%가 주택, 다음으로 18.2%가 토지라고 답하고 있다. 이는 앞서 통계자료 분석에서 본 바와 같이 60대 이후 부동산 보유액이 감소하는데 토지나 상가 등 주택 이외의 부동산보다는 대부분 주택이 감소하는 경향과 일치하는 결과로서 베이비붐 세대의 은퇴와 노령화로 촉발되는 부동산 시장의 매물 압박은 주로 주택시장에 집중될 것으로 보인다.

[표 4-5] 노후자금 마련을 위해 처분 또는 축소할 주요 부동산의 유형은?

토 지	상 가	주 택	기 타
25명(18.2%)	9명(6.6%)	98명(71.5%)	5명(3.7%)

다음으로 노후자금 마련을 위해 부동산을 처분할 시점에 관한
질문에 대한 응답 결과가 [표 4-6]에 나타나 있다. 현재(2010년)
로부터 가장 빠른 5년 이내란 응답이 8.0%, 5~10년 사이가
29.2%, 10~20년 후라는 응답이 가장 많은 56.9%를 차지했고, 20
년 이후가 5.9%로 나타나고 있다. 따라서 이러한 응답결과에 의
하면 베이비붐 세대가 주택 등 부동산을 시장에 내놓는 시점은
5년 후인 2015년부터 본격적으로 시작되어 2020년과 2030년 사
이에 정점에 이를 것으로 예상할 수 있다.

[표 4-6] 노후자금 마련을 위해 부동산을 처분할 시점은?

5년 이내	5~10년 사이	10~20년 사이	20년 이후
11명(8.0%)	40명(29.2%)	78명(56.9%)	8명(5.9%)

다음으로는 자녀를 두고 있는 이들 조사대상자들에게 자녀의
출가 이후 사는 집의 규모(크기)를 어느 정도 줄일 계획인지 질
문하였다. 그 결과 [표 4-7]에서 보여 주고 있는 바와 같이, 자녀

출가 이후 가구원 수가 줄어들면 현재 살고 있는 집에 비해 평균 74.1% 정도의 크기면 적당하다고 답하고 있어 베이비붐 세대들은 집의 규모면에서 약 25% 정도를 줄여 갈 계획이 있음을 암시하고 있다. 이러한 결과는 노년이 되면 평균적으로 사는 집의 규모가 작아지는 일반적인 통계결과와 일치하고, 베이비붐 세대의 은퇴로 중대형 주택에 대한 수요가 감소할 것이란 점을 시사하고 있다.

[표 4-7] 현재 집의 규모 대비 자녀출가 이후 적정규모는?

(단위: 현재 규모 대비 %)

평 균	중간값	표준편차
74.1	70	20.7

한편, 베이비붐 세대에게 은퇴 이후(또는 자녀출가 이후) 정착하여 보낼 예정인 지역에 대한 질문을 통해 노후에 선호하는 지역을 알아보고 이러한 이동이 부동산 시장에 미칠 영향을 살펴보고자 하였다. [표 4-8]에 나타난 결과에서 보듯이, 전체 응답자 중 54.5%가 현재 살고 있는 지역에서 그대로 살 계획인 것으로 나타났는데, 현재 서울 거주자 중에서는 43.1%가 계속 서울에 거주할 예정이고 수도권 거주자는 이보다 훨씬 높은 66.2%가 그대로 수도권에 살 계획이라고 답하고 있다. 따라서 서울 거주자의 이동 계획이 많다는 것을 알 수 있는데 전체 응답자 중 서울

에서 수도권으로 이동할 계획인 응답자는 18.2%인 반면 수도권에서 서울로 이동할 계획인 응답자는 2.1%에 불과하여 베이비붐 세대의 상당수는 서울을 떠나 수도권으로 이동할 계획이란 것을 알 수 있다. 한편 전체 응답자 중 15.4%는 서울 또는 수도권을 떠나 지방으로 내려갈 계획도 있는 것으로 나타났다. 이러한 결과는 베이비붐 세대가 주택가격이 상대적으로 비싼 지역을 떠나서 마련한 차액을 노후자금으로 사용할 계획이 있다는 것을 암시하고 있다.

[표 4-8] 은퇴 이후(또는 자녀출가 이후) 정착하여 노후를 보낼 예정인 지역은?

항 목		빈도수(비율)
현재 살고 있는 지역		78명(54.5%)
	서울	31명(43.1%)
	수도권	47명(66.2%)
서울 → 수도권		26명(18.2%)
수도권 → 서울		3명(2.1%)
수도권 이외의 지방		22명(15.4%)
해외 지역		3명(2.1%)
잘 모르겠다		11명(7.7%)

04

자녀 세대의 주택에 대한 의식과 주택구입 계획

문제는 인구비중이 높은 베이비붐 세대가 은퇴를 시작하면서 주택 등 부동산을 중심으로 보유한 자산을 처분하려고 나서는 시점에 새로 가구를 구성하고 자산 축적을 시작하는 세대가 주택 등 부동산에 대해 어떤 생각을 갖고 있는지가 중요한 변수이다. 즉, 향후 자산시장의 잠재적 매도자인 베이비붐 세대가 주로 처분할 부동산 자산을 자산시장의 신규진입자인 자녀 세대가 얼마만큼 매입할 의도와 계획이 있는가가 문제이다. 물론 베이비붐 세대가 처분할 부동산을 자녀 세대가 직접 매입자로 나설 가능성은 낮지만, 자산시장 전체의 수요와 공급이란 측면에서 보면 자산시장의 신규진입자인 자녀 세대의 생각도 중요한 변수가 될 수 있다. 특히 최근에는 젊은 세대가 주택 소유에 대한 욕구가 기성세대보다 낮을 것이란 견해가 있기 때문에 본 연구에서는 이들의 주택구입 의사와 주택구입 계획 등에 대해 조사해 보았다.

먼저 젊은 세대의 주택 필요성에 대한 인식을 알아보기 위해 "앞으로 살아가면서 자기 소유의 주택이 필요하다고 생각하는가?"라는 질문을 하였다. 이에 대해 [표 4−9]에서 보는 바와 같이 남녀 모두 비슷하게 84.5%가 필요하다고 응답하고 있었다. 이러한 결과는 흔히 알려진 예상보다 높은 수준인 것으로 보이는데 이 질문에는 '어느 정도 경제적 여유가 된다는 가정하에'란 단서를 붙였기 때문에 오히려 약 15%의 응답자는 경제적 여유가 되어도 굳이 자기 소유의 주택을 가질 필요가 없다고 생각하는 것으로 해석할 수도 있다. 숫자는 적지만 자기 소유의 주택이 필요 없다는 응답자에게 그 이유를 질문했더니 반 이상이 '다른 여유로운 삶을 위해서'라고 답하여 예상대로 일부 젊은 세대들은 원하는 삶을 희생하면서까지 무리하게 주택 구입에 매달릴 생각이 없는 것으로 나타났다. 또한 '어느 정도 경제적 여유가 된다는 가정하에'란 단서하에서 응답한 것이기 때문에 앞서 통계분석에서 살펴본 바와 같이 젊은 세대들이 이미 상승한 가격에 주택을 구입할 수 있는 충분한 구매력이 없다는 점을 감안한다면 실질적인 주택 수요는 더욱 낮을 수밖에 없다.

[표 4-9] 앞으로 살아가면서 자기 소유의 주택이 필요하다고 생각하는가?

빈도수(비율)	필요하다	필요 없다	계
남	76명(84.4%)	14명(15.6%)	90명
여	60명(84.5%)	11명(15.5%)	71명
계	136명(84.5%)	25명(15.5%)	161명

다음은 주택이 필요하다고 말한 응답자를 대상으로 "최초 주택 구입은 가계소득이 연 얼마 정도가 될 때 얼마짜리 주택을 구입하는 것이 적절하다고 생각하는가? 그리고 그 시점은 대략 몇 살쯤 될 것으로 예상하는가?"란 질문을 하였다.[43] 그 결과 [표 4-10]에서 보여 주는 바와 같이, 연간가계소득이 평균 7,900만 원 정도 되었을 때 평균 가격이 약 3억 5,700만 원인 주택을 매입할 생각이 있는 것으로 나타나고 있다. 이러한 결과는 현재의 대졸자 봉급 수준과 서울 및 수도권 아파트 가격을 감안할 때 결혼한 맞벌이 부부가 서울 변두리나 수도권에 30평 정도 되는 아파트를 구입하는 것을 가상해 볼 수 있게 한다. 그리고 최초 주택의 구입 시기는 평균 36세, 표준편차 4.3세로 나타나, 대략 대학 졸업 후 취업해서 10년 정도 지난 30대 중반을 전후해서 주택구입에 나설 계획이 있는 것으로 보인다.[44]

---

43) 이 질문에 앞서 적절한 응답을 할 수 있도록 돕기 위하여 다음과 같은 내용을 설명하여 주었다.
　　"15년 만기, 연 6% 주택담보대출을 받을 경우 15년 동안 매월 상환해야 하는 원리금은 대출금이 1억 원이면 84만 원, 2억 원이면 169만 원, 3억 원이면 252만 원, 5억 원이면 422만 원, 10억 원이면 844만 원이 된다."

[표 4-10] 최초 주택구입은 가계소득이 얼마? 주택가격 얼마? 몇 살쯤?

연간가계소득(만 원)			주택가격(만 원)			구입시기(세)		
평균	중간값	표준편차	평균	중간값	표준편차	평균	중간값	표준편차
7,908	8,000	2,937	35,721	30,000	18,289	36.0	35	4.3

한편, 최초 주택구입 시 선호하는 지역을 알아보기 위하여 가격이 2배 차이인 경우와 3배 차이인 경우를 가정하고 "가격이 비싸 공간은 작지만 교통과 생활이 편리한 서울 도심 주택과 교통은 불편하지만 자연환경이 좋고 가격이 저렴하여 넓은 공간의 근교 주택 사이에 선택해야 하는 경우라면 어느 곳을 선호하는가?"라는 질문을 하였다. 그 결과 [표 4-11]에서 보듯이 가격 차이가 2배라면 66.2%가 도심 주택을 선호한 반면에 가격 차이가 3배라면 75.7%가 근교 주택을 선호한다고 답하고 있다. 이는 젊은 세대들이 주택가격의 차이가 2배 정도일 경우 일반적으로 교통과 생활이 편리한 서울 도심 지역을 선호하는 반면에 3배 정도까지 벌어진다면 굳이 서울 도심을 고집하지 않고 서울 근교에서 주택을 구입할 생각이 있음을 보여 주는 결과이다.

---

44) 앞서 예상대로 우리나라의 경우는 생애 처음으로 주택을 구입하는 시기가 30세 전후로 알려진 미국에 비해서 다소 늦어지고 있는 것을 알 수 있는데, 이는 남성의 병역문제와 초혼연령의 상승 등에 원인 있는 것으로 추정할 수 있다.

[표 4-11] 최초 주택구입 시 가격 차이를 감안한 후 서울 도심과 근교주택 중 어느 곳을 선호하는가?

빈도수(비율)	가격 차이 2배	가격 차이 3배
도심	90명(66.2%)	33명(24.3%)
근교	46명(33.8%)	103명(75.7%)

05 향후 재테크 수단에 대한 인식

지금까지의 분석은 주로 주택을 중심으로 하는 부동산시장에 초점이 맞추어져 있었다. 이것은 앞서 통계분석에서 보여 주듯이 우리나라의 경우 보유 자산의 상당부분이 주택 중심의 부동산에 치중되어 있기 때문이었다. 그러나 '부동산 투자 불패'라는 인식에서 비롯된 이러한 경향이 앞으로도 지속될 수 있을지는 의문이다. 이에 본 연구에서는 재테크 수단을 저축, 주식투자, 부동산으로 나누어 보았을 때 베이비붐 세대와 자녀 세대 사이에 장래 예상에 대한 인식의 차이가 있는지를 살펴보았다.

이를 위해 "앞으로 20년을 내다보고 여유자금을 운영할 때 유망한 재테크 순서는?"이란 질문을 하고, 베이비붐 세대와 자녀 세대 간의 인식의 차이를 분석하였다. [표 4-12]에 나타난 결과를 보면, 우선 베이비붐 세대는 약 40%가 부동산을 재테크 1순위로 꼽고 있고 저축과 주식투자를 재테크 1순위로 응답한 비율은 각각 31%, 29%로 비슷하게 나타나고 있다. 하지만 부동산을 가장 낮은 3순위로 꼽는 응답도 32%를 넘어서고 있어 베이비붐 세대 안에서도 부동산 투자 전망이 서로 엇갈리고 있음을 알 수 있다. 따라서 일부 베이비붐 세대는 여전히 부동산에 대해 기대하고 있는 것으로 보이지만 저축이나 주식투자에 대한 선호도도 크게 낮은 수준이 아님을 보여 주고 있다.

[표 4-12] 20년을 내다보고 여유자금을 운영할 때 유망한 재테크 순서는?

빈도수 (비율 %)	저축			주식투자			부동산		
	1	2	3	1	2	3	1	2	3
베이비붐 세대	44명 (30.8%)	57명 (39.8%)	42명 (29.4%)	42명 (29.4%)	46명 (32.1%)	55명 (38.5%)	57명 (39.9%)	40명 (28.0%)	46명 (32.1%)
자녀 세대	27명 (16.8%)	50명 (31.1%)	84명 (52.2%)	83명 (51.6%)	48명 (29.8%)	30명 (18.6%)	51명 (31.7%)	63명 (39.1%)	47명 (29.2%)

반면에 젊은 세대는 약 52%가 주식투자를 재테크 1순위로 꼽고 있어 베이비붐 세대보다 주식투자에 거는 기대가 훨씬 높고, 부동산을 1순위로 보는 응답은 32%로서 베이비붐 세대보다 낮은 비율을 보여 주고 있다. 이러한 결과는 오늘날 젊은 세대의 경우 과거 부동산에 편중된 재테크 수단에서 벗어나고 있음을

보여 주고 있다. 한편, 젊은 세대에서 저축을 재테크 1순위로 보는 응답은 16.8%로서 베이비붐 세대의 응답비율의 반에 불과한데, 이는 나이가 들수록 안전자산을 선호하는 일반적인 경향을 반영하고 있는 것으로 볼 수 있다.[45]

---

45) 물론 자녀 세대가 위험자산인 주식투자를 재테크 1순위로 응답한 비율이 베이비붐 세대에 비해 많은 이유도 안전자산에 대한 선호도가 베이비붐 세대보다 낮은 성향을 보이기 때문일 수 있다.

06

설문조사 분석결과 요약

　이상은 베이비붐 세대(1955~1964년 출생)와 그들의 자녀 세대 (1981~1990년 출생)를 대상으로 부동산을 중심으로 한 자산수요 에 영향을 미칠 수 있는 요인들을 설문조사를 통해 분석한 결과 이다. 이를 통해 베이비붐 세대가 노후대책을 위해 보유하고 있 는 자산포트폴리오를 어떻게 재편성할 계획인지를 알아보고, 조 만간 사회에 진출하고 가구를 형성하여 자산시장의 신규수요자 가 될 자녀 세대를 대상으로 주택 등 자산포트폴리오에 대한 이들 의 계획을 파악하였다. 분석결과는 다음과 같이 요약될 수 있다.

　첫째, 베이비붐 세대 및 자녀 세대 대부분이 서울 및 수도권 집값의 현재 수준이 높다는 데 인식을 같이하고 있는 것으로 나타났다. 그러나 베이비붐 세대와 자녀 세대 간에 정도의 차이가 뚜렷해서 향후 주택시장에서 매도세력이 될 베이비붐 세대에 비해 매입세력이 될 자녀 세대가 현재의 서울 및 수도권 집값 수준에 대해 훨씬 비싸다고 느끼고 있음을 알 수 있다.

둘째, 현재 베이비붐 세대가 보유 중인 부동산 중 어느 정도가 유동화될 가능성이 있는지를 알아본 결과, 96%에 달하는 응답자가 노후자금 조달을 위해 보유한 부동산을 처분할 계획이 있는 것으로 응답하고 있다. 보유한 부동산 중 평균 43.3%를 처분할 예정인 것으로 나타나 앞서 통계자료 분석에서 추정한 가구당 부동산보유액의 감소 규모에 비하면 베이비붐 세대가 처분할 예정인 부동산의 규모가 훨씬 크다는 것을 알 수 있다. 따라서 향후 베이비붐 세대의 은퇴와 노령화가 진행되면 통계자료로부터 예상하는 결과보다 훨씬 더 심각하게 부동산 시장에서 이들의 부동산 매물이 큰 부담이 되리라는 것을 예견할 수 있다.

셋째, 처분할 주요 부동산의 유형은 71.5%가 주택, 다음으로 18.2%가 토지라고 답하고 있다. 이에 따라 베이비붐 세대의 은퇴와 노령화로 촉발되는 부동산 시장의 매물 압박은 주로 주택시장에 집중될 것으로 보인다. 다음으로 처분시점에 관한 질문에는 56.9%가 현재(2010년)로부터 10~20년 후라고 답했고, 5~10년 사이가 29.2%로 나타나고 있다. 따라서 이러한 응답결과에 의하면 베이비붐 세대가 주택 등 부동산을 시장에 내놓는 시점은 2015년부터 본격적으로 시작되어 2020년과 2030년 사이에 정점에 이를 것으로 예상할 수 있다.

넷째, 베이비붐 세대들은 자녀출가 이후 가구원 수가 줄어들면 현재 살고 있는 집을 규모 면에서 약 25% 정도를 줄여 갈 계획이 있는 것으로 나타났다. 은퇴 이후(또는 자녀출가 이후) 정착하여 보낼 예정인 지역에 대한 질문에서는 전체 응답자 중 54.5%는 현재 살고 있는 지역에서 그대로 살 계획이고, 나머지는 대부분 서울을 떠나 수도권으로 이동하거나 서울 또는 수도권을 떠나 지방으로 내려갈 계획인 것으로 나타났다. 이러한 결과는 베이비붐 세대가 주택가격이 상대적으로 비싼 지역을 떠나서 마련한 차액을 노후자금으로 사용할 계획이 있다는 것을 암시하고 있다.

다섯째, 자녀 세대에게 주택을 소유할 필요성에 대해 질문한 결과, 남녀 모두 비슷하게 약 85%가 필요하다고 응답했고 나머지는 경제적 여유가 되어도 군이 자기 소유의 주택을 가질 필요가 없다고 생각하고 있었다. 자기 소유의 주택이 필요 없는 이유로는 반 이상이 '다른 여유로운 삶을 위해서'라고 답하고 있다. 한편, 최초 주택구입 시 선호하는 지역은 가격 차이가 2배 차이인 경우라면 비싸도 서울 도심 주택을, 3배인 경우라면 저렴한 근교 주택을 선호하는 것으로 나타났다.

여섯째, 자녀 세대가 예상하는 최초 주택 구입은 연간가계소득이 평균 7,900만 원 정도 되었을 때 평균 가격이 약 3억 5,700만 원인 주택을 매입할 생각이 있는 것으로 나타났고, 최초 주택의 구입 시기는 평균 36세로 예상하고 있었다. 이러한 결과는 현재의 대졸자 봉급 수준과 서울 및 수도권 아파트 가격을 감안할 때 대략 대학 졸업 후 취업해서 10년 정도 지난 시점에 결혼한 맞벌이 부부가 서울 변두리나 수도권에 30평 정도 되는 아파트를 구입하는 것을 가상해 볼 수 있게 한다.

끝으로, 저축, 주식투자, 부동산으로 나누어 유망한 재테크 수단을 질문한 결과에서는 베이비붐 세대는 약 40%가 부동산을 재테크 1순위로 꼽고 있는 반면에 젊은 세대는 약 52%가 주식투자를 재테크 1순위로 꼽고 있어 베이비붐 세대보다 주식투자에 거는 기대가 훨씬 높고, 부동산을 1순위로 보는 응답은 32%로서 베이비붐 세대보다 낮은 비율을 보여 주고 있다. 이러한 결과는 오늘날 젊은 세대의 경우 과거 부동산에 편중된 재테크 수단에서 벗어나고 있음을 보여 주고 있다.

PART

V

결 론

01 연구 개관

  본 연구는 우리나라에서 저출산·고령화로 인한 인구구조의 변화가 부동산을 중심으로 하는 자산시장에 미치는 영향에 대해 분석하고 있다. 특히 본 연구에서는 통계자료 분석 및 설문조사 방법을 병행하는 두 가지 방향에서 연구를 진행함으로써 기존 연구와 차별화하면서 보다 현실적인 시사점을 모색하고 있다.

  우선 본격적인 분석에 들어가기에 앞서 우리나라 인구구조가 과거 어떻게 변화해 왔고 현재는 어떤 상황이며 앞으로 어떻게 변화할 것인지를 전망해 보고 있다. 특히 우리나라 인구구조의 변화의 주된 요인을 출산율 하락과 기대수명의 연장으로 보고, 이들 통계자료의 변화추이를 살펴봄으로써 인구구조의 고령화 원인과 향후 전망에 대해 분석하고 있다.

통계자료 분석은 공식적인 국내 통계자료인 「2006년 가계자산조사」와 「2006년 장래인구추계」 자료를 활용하여 연령대별 가계자산 분포를 살펴보고 향후 인구구조의 변동에 따른 자산시장의 변화를 예측하고 있다. 또한 통계청의 「2009년 가계동향조사」에서 구한 가구당 월평균 가계수지와 국민은행의 「전국주택가격동향조사」 자료를 활용하여 연령별 주택 구매력을 알아보고, 「2005 −2030 장래가구추계」와 「2009년 혼인통계」 등을 이용하여 인구구조 외에 자산수요에 영향을 미칠 수 있는 사회통계적 요인들을 고려하고 있다.

그러나 통계자료만을 가지고 자산수요를 예측할 경우 세대 간 의식 및 행동양식의 차이로 인한 연령별 자산보유분포의 변화를 파악하지 못하는 단점을 보완하기 위하여 설문조사 분석을 병행하고 있다. 특히 베이비붐 세대(1955~1964년 출생)와 그들의 자녀 세대(1981~1990년 출생)를 대상으로 해서 부동산을 중심으로 한 자산수요에 영향을 미칠 수 있는 요인들을 설문조사를 통해 파악하고 이를 통계자료 분석결과와 종합하여 판단함으로써 저출산 및 고령화로 인한 인구구조의 변화가 자산시장에 미치는 영향을 분석하고 있다.

02 : 연구결과 요약

1) 인구구조의 변화

(1) 우리나라의 총인구는 2018년에 정점을 이루고 그 후에는 감소할 것으로 예상된다. 또한 인구감소와 함께 인구구조가 급속하게 고령화되고 있다. 우리나라는 역사상 유례없는 빠른 속도로 2018년에 65세 이상 고령인구의 비중이 14%인 고령사회(aged society)가 되고 2026년에는 20%인 초고령사회(super-aged society)가 될 전망이다.

(2) 우리나라 인구구조의 변화의 결정적 요인은 출산율 감소와 기대수명의 연장이다. 2005년 우리나라 가임 여성의 합계출산율

은 1.08명으로 OECD 국가 중 가장 낮은 수준이다. 이러한 저출산은 결혼기피 현상과 혼인연령의 상승으로 출산 연령층(20~34세)의 미혼율이 증가하고, 결혼 이후에도 가치관의 변화, 여성의 경제활동 증가, 자녀 양육 및 교육비용 부담 등으로 출산을 꺼리는 데 기인하고 있다. 또 다른 인구구조 고령화의 원인인 기대수명의 연장을 보면, 우리나라의 평균 기대수명은 1970년 61.93세에서 2005년 78.63세로 16.70세가 증가하여 세계 평균을 훨씬 능가하고 있다. 증가율은 감소하지만 증가 추세는 앞으로도 지속되어 2030년에 83.13세, 2050년에는 86.02세가 될 전망이다.

(3) 출산율 저하와 기대수명의 연장으로 인한 인구구조의 고령화는 필연적으로 노인 부양부담의 증가로 나타나게 된다. 생산가능인구(15~64세) 수 대비 노인인구(65세 이상) 수로 계산하는 노인부양비를 보면, 1990년에는 약 13명이 1명의 노인을 부양하던 것을 2005년에는 약 8명이 1명의 노인을 부양하고 2050년이 되면 1.4명이 1명의 노인을 부양해야 하는 상황이 된다.

2) 인구구조의 변화가 자산시장에 미칠 영향: 통계자료 분석

(1) 우리나라 가구의 연령별 자산축적패턴은 30대부터 증가하기 시작하여 50대에 정점을 이루고 이후 서서히 감소하기 시작한다. 총자산 중 금융자산이 차지하는 비중이 30대까지는 30%

이상으로 비교적 높은 수준이나 이후 연령이 증가함에 따라 지속적으로 감소하고 상대적으로 부동산 비중은 꾸준히 증가하는 추세를 보인다. 그 결과 순자산 대비 부동산 비중이 60세 이상에서는 93%에 이르고 있다. 한편, 부동산을 주택과 주택 이외(토지, 상가 등)로 구분하여 보면, 평균 주택보유액은 50대를 정점으로 이후 뚜렷하게 감소하는 반면에 주택 이외의 부동산 보유액은 50대 이후로 비슷한 수준을 유지하고 있다.

(2) 연령별 자산보유현황과 미래의 연령별 인구추이 및 가구 수 변화 등을 연결하여 분석한 결과, 우선 주택을 중심으로 부동산보유액이 감소하는 60세 이상의 인구 및 가구 수의 급증 때문에 이들이 처분하려는 부동산이 향후 자산시장에 부담이 될 전망이다. 그러나 2020년까지는 자산축적이 정점에 이르는 50대의 인구 및 가구 수가 크게 증가하기 때문에 자산에 대한 수요도 함께 증가할 잠재력을 갖고 있다. 다만 이 시기에 자산시장의 신규 매입자인 30대의 인구 및 가구 수가 크게 감소하는 점은 자산시장에 부정적인 요인이 될 전망이다. 한편 2030년으로 되면 60대 이상의 인구 및 가구 수는 계속 급증하는 반면에 50대의 인구 및 가구 수가 서서히 감소하기 시작하고 40대의 인구 및 가구 수는 크게 감소를 하게 된다. 따라서 2030년이 되면 자산시장에 지대한 영향을 미치는 것으로 알려진 40~50대의 비중이 크게 감소

함에 따라 부동산을 중심으로 한 자산시장이 크게 위축될 것으로 보인다. 2030년 이후에도 60세 이상을 제외한 모든 세대에서 인구 및 가구 수가 지속적으로 감소하기 때문에 자산수요의 감소로 인한 우리나라 자산시장의 위축은 더욱 심각한 상황이 될 것으로 전망된다.

(3) 주택가격의 변동추이와 가계소득을 연결시킴으로써 주택구매력을 분석한 결과에서는 2000년 이후 아파트를 중심으로 한 주택가격의 상승으로 우리나라에서 주택을 장만하는 것이 매우 어려운 상황임을 알 수 있다. 소득 대비 주택가격비율을 나타내는 PIR이 우리나라의 경우 2008년 기준으로 평균 6.26배로서 미국의 3.55배나 일본의 3.72배에 비해 매우 높다. 한편, 결혼기피 현상, 소가족화의 지속, 출산율 하락, 이혼 및 생애독신 증가, 기대수명 연장으로 인한 독거노인 증가 등으로 가구구성의 변화가 예상되어 향후 자산시장의 수요성향에 영향을 미칠 것으로 예상된다.

3) 인구구조의 변화가 자산시장에 미칠 영향: 설문조사 분석

(1) 베이비붐 세대의 96%에 달하는 응답자가 노후자금 조달을 위해 보유한 부동산을 처분할 계획이 있는 것으로 응답하고 있다. 그리고 보유한 부동산 중 평균 43.3%를 처분하여 노후자금으

로 충당할 계획인 것으로 나타나 앞서 통계자료 분석에서 추정한 결과보다 베이비붐 세대가 처분할 예정인 부동산의 규모가 훨씬 크다는 것을 알 수 있다. 처분할 주요 부동산의 유형은 71.5%가 주택, 다음으로 18.2%가 토지라고 답하고 있다. 다음으로 처분시점에 관한 질문에는 56.9%가 현재(2010년)로부터 10~20년 후라고 답했고, 5~10년 사이가 29.2%로 나타나, 베이비붐 세대가 주택 등 부동산을 시장에 내놓는 시점은 2015년부터 본격적으로 시작되어 2020년과 2030년 사이에 정점에 이를 것으로 예상된다.

(2) 자녀 세대에게 주택을 소유할 필요성에 대해 질문한 결과, 약 85%가 필요하다고 응답했고 나머지는 경제적 여유가 되어도 굳이 자기 소유의 주택을 가질 필요가 없다고 생각하고 있었다. 최초 주택구입 시 선호하는 지역은 가격 차이가 2배인 경우라면 비싸도 서울 도심 주택을, 3배인 경우라면 저렴한 근교 주택을 선호하는 것으로 나타났다. 한편, 자녀 세대가 예상하는 최초 주택 구입은 연간가계소득이 평균 7,900만 원 정도 되었을 때 평균 가격이 약 3억 5,700만 원인 주택을 매입할 생각이 있는 것으로 나타났고, 최초 주택의 구입 시기는 평균 36세로 예상하고 있었다.

(3) 저축, 주식투자, 부동산으로 나누어 유망한 재테크 수단을 질문한 결과에서는 베이비붐 세대는 약 40%가 부동산을 재테크

1순위로 꼽고 있는 반면에 젊은 세대는 약 52%가 주식투자를 재테크 1순위로 꼽고 있어 베이비붐 세대보다 주식투자에 거는 기대가 훨씬 높고, 부동산을 1순위로 보는 응답은 32%로서 베이비붐 세대보다 낮은 비율을 보여 주고 있다.

03 : 연구결과의 시사점

　우리나라는 세계 최저 수준인 저출산으로 인해 총인구가 2018년을 정점으로 그 후에는 감소할 것으로 예상된다. 인구감소로 노동력이 감소하고 소비가 줄어들면서 국가의 성장 잠재력이 떨어지게 될 것으로 우려된다. 또한 인구감소와 함께 인구구조가 급속하게 고령화되면서 생산가능인구의 감소와 노동력의 고령화는 소비 감소, 저축률 하락, 조세수입 감소 등을 초래하여 우리나라 경제의 잠재적 성장력을 낮추게 될 것이다. 이처럼 인구감소와 고령화는 향후 우리나라 경제에 심각한 위협이 될 뿐 아니라 정치, 사회, 문화 등 모든 방면에 커다란 영향을 미치게 될 것으로 예상된다.

특히, 노인인구의 증가는 연금수급자의 증가, 노인 의료비 및 복지비의 증가 등으로 인해 재정지출의 증가로 이어지는 반면에, 인구구조의 고령화로 인한 취업자 수의 감소와 경제성장의 둔화로 조세 및 사회보장기여금 수입이 감소하여 재정적자 및 국가부채의 증가를 초래하게 된다. 이렇게 되면 공적 연금, 의료보험, 노인복지 등 사회보험제도의 개혁이 불가피해지고 따라서 개인별로 노후대책을 마련하는 것이 더욱 중요해질 전망이다.

우리나라 가구의 연령별 자산축적패턴은 30대부터 증가하기 시작하여 50대에 정점을 이루고 이후 서서히 감소하기 시작한다. 이러한 패턴은 미국이나 영국 등 선진국에서 총자산이 연령 증가와 함께 꾸준히 증가하다가 70세 이후에 가서 다소 감소하는 모습을 보이는 것과 비교되는 결과로서 우리나라의 경우에는 10년 정도 이른 연령부터 자산이 감소하는 경향이 있음을 알 수 있다. 이러한 현상은 우리나라의 경우 선진국에 비해 사회보장제도 및 연금제도의 미비로 일찍부터 축적한 재산의 일부를 처분하여 노후자금으로 사용해야 하고, 사회관습상 부모가 자녀의 대학 교육비 및 결혼비용의 상당 부분을 부담해야 하기 때문인 것으로 보인다.

우리나라 가구의 자산보유현황을 보면 가장 큰 특징으로 높은 부동산 보유비중을 들 수 있다. 순자산 대비 부동산 비율이 89.4%에 달해 약 50~70% 정도로 알려진 선진국에 비해 순자산 중 부동산이 차지하는 비중이 매우 높은 수준임을 알 수 있고, 부동산 중에서도 주택이 차지하는 비중이 2/3에 달하고 있다. 이처럼 노년층으로 갈수록 순자산 중 부동산이 차지하는 비중이 비정상적으로 높고 순금융자산의 비중이 매우 낮다는 것은 부동산의 유동화가 용이하지 않을 경우 노후자금을 조달하는 데 어려움이 크다는 것을 시사하고 있다. 이와 같이 장노년층의 보유자산 중 높은 부동산의 비중은 전통적으로 부동산에 강한 집착을 보이는 국민적 정서와 더불어 부동산 가격의 상승으로 부동산 규모가 상대적으로 증가한 점에 기인하고 있다.

반면에, 30대까지는 부동산의 비중이 낮은 이유로 장기주택담보대출제도가 발달되어 있지 않고 소득 대비 주택가격이 높아 주택마련이 용이하지 않다는 점을 들 수 있다. 이와 같이 부동산에 편중된 우리나라 가구의 자산포트폴리오 구조는 베이비붐 세대의 은퇴와 맞물리면서 향후 우리나라 부동산 시장에 커다란 영향을 미칠 가능성이 내재되어 있다.

연령별 부동산 보유현황을 살펴보면 30대에 주택구입이 본격화되고 50대에 전체 자산 중 주택의 비중이 높았다가 이후에는 감소하는 경향을 보여 주고 있다. 반면에 주택 이외의 부동산, 즉 토지나 상가 등의 보유액은 50대까지 급속하게 증가하고 60대 이후에도 비슷한 수준을 유지하고 있다. 이러한 통계적 결과는 자녀들이 출가하고 은퇴를 하는 60대가 되면 보유하고 있는 부동산 중에서 주로 주택보유액을 줄여 자녀의 결혼자금이나 자신의 노후자금으로 사용하고 있다는 우리나라의 사회적 통념을 뒷받침하고 있다. 따라서 향후 우리나라의 베이비붐 세대가 은퇴와 함께 노후자금 마련을 위해 전체 자산보유액 중 큰 부분을 차지하고 있는 주택을 처분하게 될 때 이것이 부동산시장에 미칠 영향에 대해서 우려하지 않을 수 없다.

특히, 베이비붐 세대가 처분하는 주택을 받아 줄 다음 세대의 인구구성과 주택구입 능력, 부동산에 대한 인식 등이 향후 우리나라 부동산시장의 중요 변수가 될 전망이다. 문제는 총자산 중 주택을 중심으로 부동산 비중이 유난히 높은 우리나라의 장노년층이 노후자금으로 충당하기 위해 보유한 부동산의 일부를 유동화하려고 할 때 다음 세대가 이를 매입할 수 있는 충분한 구매력이 없다는 데 있다. 또한 젊은 세대는 부동산에 대한 인식과 삶에 대한 가치관의 변화로 인해 기성세대에 비해 부동산에 대한 집착이 훨씬 약할 것으로 보여 주택을 중심으로 한 부동산에 대한 수요가 크게 약화될 것으로 예상된다. 더욱이 향후 부동산 가격이 상승할 것이란 기대가 부동산에 대한 매입 수요를 창출한다는 점에서 인구구조의 변화로 부동산 침체가 예견되는 상황에서 부동산에 대한 수요는 더욱 낮아질 전망이다.

다만, 결혼기피 현상, 소가족화의 지속, 이혼 및 생애독신 증가, 독거노인 증가 등으로 1세대 가구 및 1인 가구가 증가할 것으로 예상된다. 이러한 변화는 가구 수의 증가로 주택에 대한 수요 증가를 예상할 수도 있으나, 일반적으로 1인 가구 또는 1세대 가구의 경우는 주택 구매력이 낮고 주택을 소유하려는 의지도 약해 사실상 주택에 대한 유효수요가 될 가능성이 크지 않다. 또한 주택을 구입하더라도 평균 가족 수의 감소로 주택의 규모가 작아져 가구당 총자산 중 주택 등 부동산이 차지하는 비중은 감소할 것으로 예상된다. 따라서 대형 주택에 대한 수요는 감소하는 반면에 소형 아파트, 원룸, 오피스텔 등에 대한 수요는 증가할 것으로 예상된다.

한편, 서울 및 수도권 집값에 대한 베이비붐 세대와 자녀 세대 사이의 인식 차이는 앞으로 노후자금을 조달하기 위해 주택을 처분하려고 하는 베이비붐 세대와 신규로 주택시장에 진입하는 자녀 세대 간 갈등을 초래하고 주택매매와 거래가격에 커다란 영향을 미칠 것을 암시한다. 부동산 가격 상승을 통해 자산을 축적한 우리나라의 베이비붐 세대는 향후 주택시장의 잠재 매도자로서 당연히 이미 상승한 가격 또는 그 이상의 가격에 부동산을 처분하기를 기대할 것이다. 그러나 향후 부동산 시장의 잠재 매입자인 자녀 세대는 현재의 부동산 가격이 지나치게 비싸다고 느끼고 있고 실제로 이를 구입할 수 있는 경제적 능력이 없으며 베이비붐 세대에 비해 인구수 자체가 적다는 점을 감안한다면, 결국 인구구조의 변화와 인식의 차이로 인한 부동산 시장의 장기적인 침체는 불가피해 보인다.

베이비붐 세대의 96%에 달하는 응답자가 노후자금 조달을 위해 보유한 부동산을 처분할 계획이 있고, 처분할 주요 부동산의 유형은 71.5%가 주택, 다음으로 18.2%가 토지라고 답하고 있다. 이는 앞서 통계자료 분석에서 본 바와 같이 60대 이후 부동산 보유액이 감소하는 데 토지나 상가 등 주택 이외의 부동산보다는 대부분 주택이 감소하는 경향과 일치하는 결과로서 베이비붐 세대의 은퇴와 노령화로 촉발되는 부동산 시장의 매물 압박은 주로 주택시장에 집중될 것으로 보인다. 그러나 보유한 부동산 중 평균 43.3%를 처분하여 노후자금으로 충당할 계획인 것으로 나타나 앞서 통계자료 분석에서 추정한 결과보다 베이비붐 세대가 처분할 예정인 부동산의 규모가 훨씬 크다는 것을 알 수 있다.

베이비붐 세대들은 자녀출가 이후 가구원 수가 줄어들면 현재 살고 있는 집을 규모 면에서 약 25% 정도를 줄여 갈 계획이고, 많은 응답자가 서울을 떠나 수도권으로 이동하거나 서울 또는 수도권을 떠나 지방으로 내려갈 계획인 것으로 나타났다. 이러한 결과는 노년이 되면 평균적으로 사는 집의 규모가 작아지는 일반적인 통계결과와 일치하고 있고, 베이비붐 세대의 은퇴로 중대형 주택에 대한 수요가 감소할 것이란 점을 시사하고 있다. 또한 노년이 되면 주택가격이 상대적으로 비싼 지역을 떠나서 마련한 차액을 노후자금으로 사용할 계획이 있다는 것을 암시하고 있다.

한편, 일부 젊은 세대들은 원하는 삶을 희생하면서까지 무리하게 주택 구입에 매달릴 생각이 없는 것으로 나타났다. 또한 '어느 정도 경제적 여유가 된다는 가정하에'란 단서하에서 응답한 것이기 때문에 앞서 통계분석에서 살펴본 바와 같이 젊은 세대들이 이미 상승한 가격에 주택을 구입할 수 있는 충분한 구매력이 없다는 점을 감안한다면 실질적인 주택 수요는 더욱 낮을 수밖에 없다. 이러한 결과는 젊은 세대의 경우 부동산에 대한 인식과 삶에 대한 가치관의 변화로 인해 기성세대에 비해 부동산에 대한 집착이 훨씬 약해졌음을 시사하고 있다.

이러한 성향은 저축, 주식투자, 부동산으로 나누어 유망한 재테크 수단을 질문한 결과에서도 나타나고 있다. 즉, 베이비붐 세대는 약 40%가 부동산을 재테크 1순위로 꼽고 있는 반면에 젊은 세대는 약 52%가 주식투자를 재테크 1순위로 꼽고 있어 부동산보다는 주식투자에 거는 기대가 훨씬 높게 나타나고 있다. 따라서 오늘날 젊은 세대의 경우 과거 부동산에 편중된 재테크 수단에서 벗어나고 있음을 보여 주고 있다.

참고문헌

국민은행, 『전국주택가격동향조사』, 2010.

국토해양부, 『2008년 주거실태조사』, 2008.

김경록, 『인구구조가 투자지도를 바꾼다』, 미래에셋, 2006.

김현기·정연승·허원무·유호연·배영준, 『2018, 인구변화가 대한민국을 바꾼다』, 한스미디어, 2008.

김형욱, 「누가 주택을 구입하였는가?」, 『주택금융월보』 제69호, 2010.

박창균, 「고령화의 진전과 자산수요의 변화」, 『인구구조 고령화의 경제적 영향과 대응과제』, 한국개발원, 2003, pp.277-334.

산은경제연구소, 『국내주택가격 적정성 분석』, 2010.

이현승·김현진, 『늙어가는 대한민국』, 삼성경제연구소, 2003.

통계청, 『2000년 소비실태조사』, 2001.

_____, 『2006년 장래인구추계』, 2006.

_____, 『2006년 가계자산조사』, 2007.

_____, 『2005 - 2030 장래가구추계』, 2007.

_____, 『2008년 가계동향조사』, 2009.

_____, 『세계 및 한국의 인구현황』, 2009.

_____, 『2009년 인구동향조사』, 2010.

한국개발원, 『인구구조 고령화의 경제적 영향과 대응과제』, 2003.

한국개발원 외 4개 기관, 『인구구조 고령화의 경제·사회적 파급효과와 대응과제』, 2004.

홍춘욱, 『인구변화가 부의 지도를 바꾼다』, 원앤원북스, 2003.

Abel, A., "The Effects of a Baby Boom on Stock Prices and Capital Accumulation in the Presence of Social Security", Wharton School mimeograph, University of Pennsylvania, 1999.

_____, "Will Bequests Attenuate the Predicted Meltdown in Stock Prices When Baby Boomers Retire?", *Review of Economics and Statistics*, Vol.83, 2001, pp.589-595.

Bakshi, Gurdip, and Zhiwu Chen, "Baby Boom, Population Aging, and Capital Markets", *Journal of Business*, Vol.67, 1994, pp.165-202.

Banks, J. and S. Tanner, "Household Portfolios in the United Kingdom", in L. Guiso, M. Haliassos, and T. Jappelli, eds., *Household Portfolio*, The MIT Press, 2002.

Barsky, R. and J. DeLong, "Why Does the Stock Market Fluctuate?" *Quarterly Journal of Economies,* Vol.107, 1993.

Brooks, R., *Asset Market and Saving Effects of Demographic Transitions*, Unpublished Doctoral Dissertation, Yale University, 1998.

Dent, Harry S. Jr., *The Next Great Bubble Boom*, New York: Simon and Schuster, 2004.

_____, *The Roaring 2000s*, New York: Simon and Schuster, 1998.

Modigliani, F. and A. Ando, "The Life Cycle Hypothesis of Saving: Aggregate Implication and Test", *The American Economic Review*, Vol.53, 1963, pp.55-84.

Organisation for Economic Co-operation and Development(OECD), *Reforms for and Aging Society,* 2000.

Poterba, James, "Demographic Change and Asset Return", *The Review of Economics and Statistics* Vol.83, 2001, pp.565-584.

Peterson, Peter, *Running on Empty, Farrar*, Straus and Girouxs, 2004.

Shorrocks, Anthony F., "The Age-Wealth Relationship: A Cross-Section and Cohort Analysis", *Review of Economics and Statistics,* Vol.57, 1975, pp.155-163.

Sias, R., "Volatility and the Institutional Investor", *Financial Analyst Journal,* March/April, 1996.

Siegel., Jeremy J., *The Future for Investors,* Crown Business, 2005.

Sterling, William, and Stephen Waite, Boomernomics: *The Future of Your Money in the Upcoming Generational Warfare,* New York: Ballantine Publishing Group, 1998.

Wallace, Paul, *Agequake: Riding the Demographic Rollercoaster Shaking Business, Finance, and Our World*, Nicholas Brealey Publishing, 1999.

박진우 ———————————————————————————————————

한국외국어대학교 무역학과를 졸업하고, 미국 University of Illinois(Chicago)에서 MBA와 University of Iowa에서 재무관리 전공으로 경영학 박사학위를 받은 후, Kansas State University 경영대학 교수를 거쳐, 현재는 한국외국어대학교 글로벌경영대학 교수 및 글로벌경영연구소장으로 있다. 다수의 학술논문을 해외학술지 및 국내학술지에 발표하였고, 저서로는 『파생상품론』, 『파생상품의 이해와 활용전략』, 『REITs: 부동산투자신탁』(역서) 등이 있다.

The Impact of Change in Population
Composition on Asset Market

인구구조의
변화와 자산시장

초 판 인 쇄 | 2010년 11월 25일
초 판 발 행 | 2010년 11월 25일

지 은 이 | 박진우
펴 낸 이 | 채종준
펴 낸 곳 | 한국학술정보㈜
주   소 | 경기도 파주시 교하읍 문발리 파주출판문화정보산업단지 513-5
전   화 | 031) 908-3181(대표)
팩   스 | 031) 908-3189
홈 페 이 지 | http://ebook.kstudy.com
E - m a i l | 출판사업부 publish@kstudy.com
등   록 | 제일산-115호(2000. 6. 19)

ISBN   978-89-268-1685-1 93320 (Paper Book)
          978-89-268-1686-8 98320 (e-Book)

내일을여는지식 ▮ 은 시대와 시대의 지식을 이어 갑니다.

이 책은 한국학술정보㈜와 저작자의 지적 재산으로서 무단 전재와 복제를 금합니다.
책에 대한 더 나은 생각, 끊임없는 고민, 독자를 생각하는 마음으로 보다 좋은 책을 만들어갑니다.